# Zahlenzauber 3

## Arbeitsheft

Herausgegeben von
Wolfgang Gierlinger

Erarbeitet von
Bettina Betz, Ruth Dolenc,
Hedwig Gasteiger, Petra Ihn-Huber,
Ursula Kobr, Gerti Kraft,
Elisabeth Plankl und Beatrix Pütz

**Ausgabe D**

Erarbeitet von
Helga Gehrke, Ursula Kobr,
Christine Kullen und
Karl-Wilhelm Schweden

Illustriert von
Mathias Hütter

Oldenbourg

# 2 ........................... Bist du noch fit? ...........................

(4)

**1** a) +12

| 12 | |
| 35 | |
| 58 | |
| 63 | |
| | 82 |

b) −6

| 29 | |
| 48 | |
| 30 | |
| 96 | |
| | 51 |

c) ·10

| 8 | |
| 3 | |
| 7 | |
| | 90 |
| | 100 |

d) :2

| 10 | |
| 6 | |
| 18 | |
| | 7 |
| | 10 |

**2** a)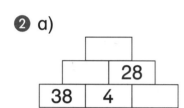

b)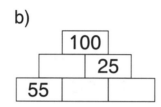

c)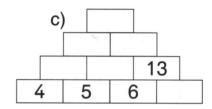

| 5 | 7 | 9 | 11 | 20 | 20 | 22 | 24 | 24 | 44 | 50 | 75 |

Die Lösungszahlen!

**3** a)

| + | 4 | 14 | 24 | |
|---|---|---|---|---|
| 23 | | | | 57 |
| 45 | | | | |
| 61 | | | | |
| 36 | | | | |

b)

| − | 3 | 23 | | 53 |
|---|---|---|---|---|
| 87 | | | | |
| 68 | | | 25 | |
| 54 | | | | |
| 100 | | | | |

**4** Verbinde jedes Rätsel mit der passenden Rechnung. Rechne aus.

| Wenn ich von meiner Zahl 20 subtrahiere, erhalte ich 48. | Wenn ich zu meiner Zahl 48 addiere, erhalte ich 100. | Das Doppelte meiner Zahl ist 20. | Die Hälfte meiner Zahl ist 8. |

| 2 · ☐ = 20 | ☐ − 20 = 48 | ☐ : 2 = 8 | ☐ + 48 = 100 |

# Ferienerinnerungen

Wer erzählt was?
Male Text, Frage, Rechnung und Ergebnis mit der gleichen Farbe an.

Wir sind mit einer Sesselbahn auf einen Berg gefahren. Meine Eltern mussten je 8 € bezahlen, ich die Hälfte.

Wir sind mit einem Bus nach Spanien gefahren. Im Bus waren 12 Kinder und 36 Erwachsene.

An unserem Strand waren viele Muscheln. Mein Bruder hat 37, ich habe 22 Muscheln gefunden.

Für unser Grillfest haben wir 30 Würstchen besorgt, damit jeder 3 Würstchen essen konnte.

Bei unserer Radtour sind wir am 1. Tag 4 h gefahren, am 2. Tag doppelt so lang und am 3. Tag von 9 Uhr bis 13 Uhr.

Ich war im Zeltlager. In der 1. Woche waren wir 48 Kinder, in der 2. Woche waren wir noch 23 Kinder.

- Wie viele Personen waren im Bus?
- Wie viele Personen waren beim Grillfest?
- Wie viel mussten wir insgesamt bezahlen?
- Wie viele Stunden sind wir insgesamt gefahren?
- Wie viele Kinder sind nach der 1. Woche heimgefahren?
- Wie viele Muscheln waren das insgesamt?

| 10 | 16 | 20 | 25 | 48 | 59 |

# 4 Unterwegs im ersten Hunderter

(8)

**❶ Ergänze die fehlenden Angaben und Zeichnungen.**

| achtunddreißig | vierundfünfzig | | | |
|---|---|---|---|---|
| Z\|E 3\|8 | Z\|E | Z\|E 2\|9 | Z\|E | Z\|E |
| 3 8 | | | 8 1 | |
| \|\|\|\| ⁞ | | | | \|\|\|\| ⁞ |

**❷ Zerlege die Zahlen.**

a) 25 = 20 + ☐
34 = 30 + ☐
19 = 10 + ☐

b) 68 = ☐ + ☐
47 = ☐ + ☐
55 = ☐ + ☐

c) 94 = ☐ + ☐
49 = ☐ + ☐
90 = ☐ + ☐

**❸ Trage die Nachbarzahlen ein.**

☐ 91 ☐    ☐ 93 ☐    ☐ 82 ☐    ☐ 99 ☐

**❹ Rechne bis zum Nachbarzehner.**

a) 13 + ☐ = 20
47 + ☐ = 50
88 + ☐ = ☐

b) 29 − ☐ = 20
47 − ☐ = ☐
92 − ☐ = ☐

c) 26 + ☐ = ☐
55 + ☐ = ☐
103 − ☐ = ☐

**❺ Simsalas Rätsel für Bim**

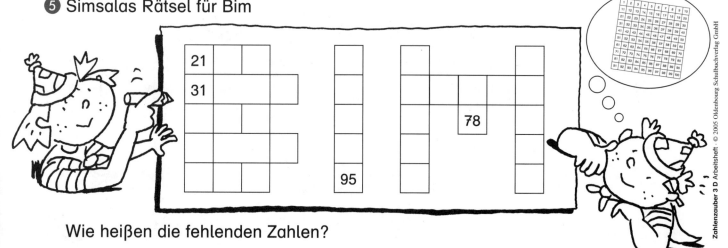

Wie heißen die fehlenden Zahlen?

# Im 1. und 2. Hunderter

**5**
(8)

❶ Schreibe den eingezeichneten Weg auf.

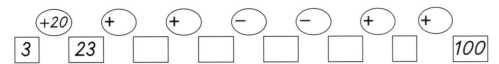

❷ Zeichne die Wege farbig ein.
Trage die Ergebniszahl ein.

a) rot:

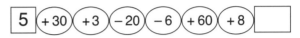

b) blau:

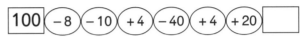

c) grün:

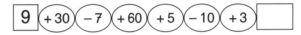

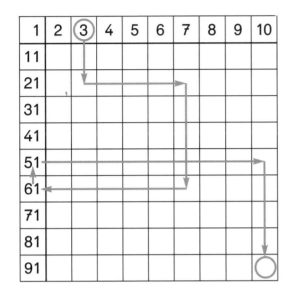

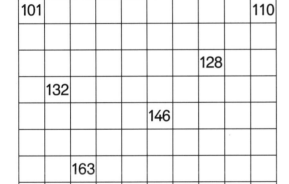

❸ Das Zweihunderterfeld

a) Trage die fehlenden Zahlen ein.

b) Umkreise farbig
   – alle Zahlen mit 5 Zehnern blau
   – alle Zahlen mit 6 Einern rot
   – alle Zahlen mit der gleichen Anzahl von Zehnern und Einern gelb
   – alle Zahlen, denen noch 3 Einer bis zum nächsten vollen Zehner fehlen, grün

❹ Notiere die Zahlen, die doppelt so viele Zehner wie Hunderter haben.

_____

❺ Stücke aus dem Zweihunderterfeld

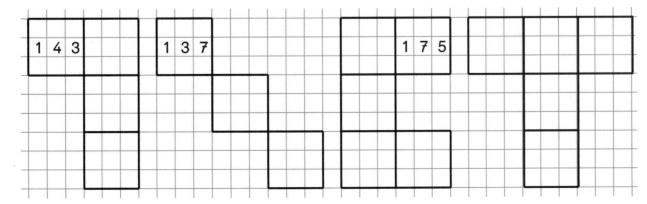

# 6 Verschiedene Rechenwege

(10)

**❶ Der Rechenstrich hilft.**

a) 46 + 12 = ☐

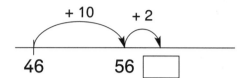

b) 74 − 45 = ☐

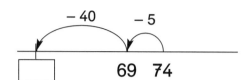

38 + 24 = ☐

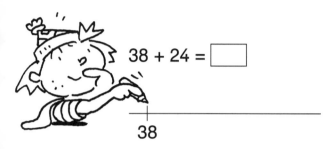

93 − 36 = ☐

**❷ Rechne geschickt.**

a) 59 + 33 = ☐
28 + 54 = ☐
19 + 15 = ☐

b) 61 − 49 = ☐
73 − 28 = ☐
94 − 69 = ☐

c) 29 + 36 = ☐
55 − 18 = ☐
81 − 79 = ☐

2, 12, 25, 34, 37, 45, 65, 82, 92

**❸ Fasse geschickt zusammen.**

a) 13 (+ 52) (+ 27) = ☐
28 (+ 12) (+ 33) = ☐
49 (+ 24) (+ 11) = ☐
117 (+ 38) (+ 42) = ☐

b) 45 (− 25) (+ 18) = ☐
72 (− 46) (+ 14) = ☐
83 (+ 17) (− 25) = ☐
164 (− 26) (+ 22) = ☐

Zuerst überlegen!

38, 40, 73, 75, 84, 92, 160, 197

**❹ Interessante Ergebnisse**

a) 34 + 18 = ☐
36 + 16 = ☐
38 + 14 = ☐

b) 83 − 47 = ☐
73 − 37 = ☐
63 − 27 = ☐

c) 11 + 11 = ☐
22 + 22 = ☐
99 − 33 = ☐

d) 49 + 13 = ☐
48 + 15 = ☐
47 + 17 = ☐

e) 93 − 27 = ☐
94 − 17 = ☐
95 − 7 = ☐

f) 165 + 35 = ☐
164 + 35 = ☐
163 + 35 = ☐

Wir wiederholen:
# Zählen und Rechnen bis 200

Findest du die fehlenden Zahlen?

**7**
(10)

**❶ Zahlenraupen**

... 1, 12, 23, ... 100
94 ...
101, 107, 113, 119, ... 22, 14, 6 ... 167

**❷ Lange Wege: Zeichne und rechne.**

Ich bin schon am Ziel.

a) +15, +8, +23, +9, +ⵧ
12, 27, ☐, ☐, ☐, 100

Und ich starte hier.

b) −ⵧ, −25, −8, −16, −7, −19
11, ☐, ☐, ☐, ☐, 81, 100

**❸**

a)
| + | 5 |  | 45 | 65 | 85 |
|---|---|---|---|---|---|
| 16 | 41 |  |  |  |  |
| 19 |  |  |  |  |  |
| 22 |  |  |  |  |  |
|  | 30 |  |  |  |  |

b)
| − |  | 17 | 26 | 35 | 44 |
|---|---|---|---|---|---|
| 98 | 90 |  |  |  |  |
| 87 |  |  |  |  |  |
| 76 |  |  |  |  |  |
|  |  |  |  |  | 30 |

**❹**

a) 36 / 9, 13

b) 65 / ☐, 24 / 42

c) ☐ / ☐, 27 / 60, 105

d) 200, 11 / ☐ / 199

18, 21, 22, 33, 45, 49, 78, 83, 89, 111, 189

# 8 Im Labyrinth von Burg Schreckenstein
(12)

Simsala und Bim besuchen Burg Schreckenstein. Dort gibt es ein Labyrinth. Darin sind wertvolle Schätze versteckt.

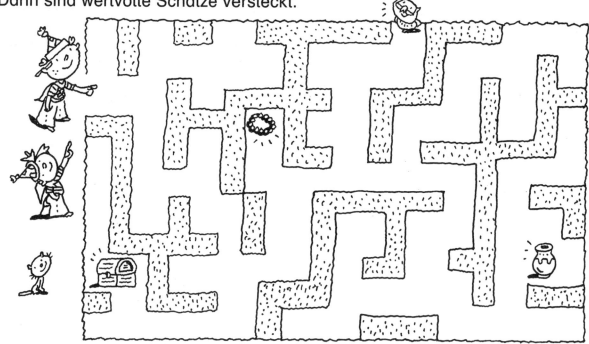

❶ Zeichne Simsalas Weg grün ein.

„Ich gehe geradeaus ins Labyrinth, bis es nicht mehr weitergeht. Dann rechts und links. Jetzt rechts, links und wieder rechts. An der Kreuzung geradeaus. Dann rechts und wieder rechts. Was sehe ich?"

Welchen Schatz findet Simsala? ▭

❷ Zeichne Bims Weg blau ein.

„Ich gehe geradeaus ins Labyrinth, bis es nicht mehr weitergeht. Dann biege ich rechts ab und bei der ersten Möglichkeit wieder links. Nun gehe ich rechts, links, rechts und wieder links. Nun noch einmal links und wieder links. Ich schaue nach rechts. Oh – was sehe ich denn da!"

Welchen Schatz findet Bim? ▭

❸ Hilf Eulalia aus dem Labyrinth. Zeichne ihren Weg rot und beschreibe ihn.

*Eulalia biegt rechts ab.*

# In der Einmaleins-Werkstatt

**1** Nachbaraufgaben

a) 
| 4 · 6 = |
| 5 · 6 = |
| 6 · 6 = |

| 3 · 4 = |
| 4 · 4 = |
| · =     |

b) 
| 7 · 4 = | 7 · 5 = | 7 · 6 = |
| 9 · 4 = | 9 · 5 = | 9 · 6 = |
| · =     | 8 · 8 = | · =     |

c)
|         | 4 · 8 = |         |
| 5 · 7 = | 5 · 8 = | 5 · 9 = |
|         | 6 · 8 = |         |

|         | · =     |         |
| · =     | 3 · 3 = | · =     |
|         | · =     |         |

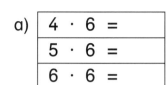
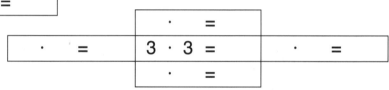

**2** Einmaleinsbaustelle

a)
| 7 · 6 = |         |
|---------|---------|
| 3 · 6 = | 4 · 6 = |

| 7 · 8 = |   |
|---------|---|
| 5 · 8 = |   |

| 9 · 4 = |         |
|---------|---------|
|         | 5 · 4 = |

b)
| 7 · 3 = |   |
|---------|---|
|         |   |

| 6 · 9 = |   |
|---------|---|
|         |   |

| 8 · 5 = |   |
|---------|---|
|         |   |

**3** a)
| · | 2 | 4 | 8 | 7 |
|---|---|---|---|---|
| 1 | | | | |
| 2 | | | | |
| 3 | | | | |
| 4 | | | | |
| 5 | | | | |
| 6 | | | | |
| 7 | | | | |
| 8 | | | | |
| 9 | | | | |
| 10 | | | | |

b)
| · | 3 | 6 | 9 | 10 | 5 |
|---|---|---|---|----|---|
| 1 | | | | | |
| 2 | | | | | |
| 3 | | | | | |
| 4 | | | | | |
| 5 | | | | | |
| 6 | | | | | |
| 7 | | | | | |
| 8 | | | | | |
| 9 | | | | | |
| 10 | | | | | |

Das ganze Einmaleins.

# Einmaleins-Training

**❶ Ergänze.**

| 20 | 2 · 10 | · 5 | · 2 | · 4 |
|---|---|---|---|---|
| 40 | · 10 | · 5 | · 4 | · 8 |

| 14 | · 2 | · 7 |
|---|---|---|
| 28 | · 2 | · 7 |

| 12 | · 2 | · 4 | · 3 | · 6 |
|---|---|---|---|---|
| 24 | · 2 | · 4 | · 3 | · 6 |

| 32 | · 8 | · 4 |
|---|---|---|
| 64 | · 8 | · 4 |

**❷ Welcher Ball gehört in welchen Korb?**

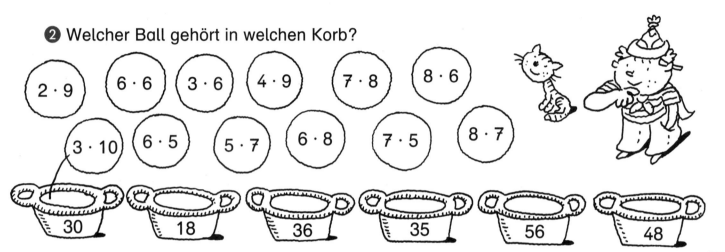

**❸ Färbe die Felder mit gleichen Ergebnissen in gleicher Farbe.**

| 3 · 8 = | 8 · 2 = | 7 · 8 = | 2 · 8 = | 6 · 4 = |
|---|---|---|---|---|
| 4 · 9 = | 2 · 12 = | 4 · 4 = | 8 · 3 = | 5 · 4 = |
| 6 · 6 = | 6 · 3 = | 4 · 6 = | 9 · 2 = | 10 · 2 = |

**❹ Richtig oder falsch? Finde die 5 Fehler.**

7 · 6 = 42 ✔        7 · 7 = 49        4 · 8 = 36        6 · 3 = 16
9 · 6 = ~~45~~ 54   3 · 7 = 21        9 · 6 = 54        9 · 3 = 27
8 · 6 = 48          8 · 7 = 54        3 · 8 = 18        4 · 3 = 12
5 · 6 = 30          5 · 7 = 35        9 · 8 = 72        8 · 3 = 24

**❺ Welche Zahl passt nicht in die Reihe?**

7, 14, 21, 27, 35            18, 24, 30, 36, 43

32, 40, 49, 56, 64           17, 20, 24, 28, 32

7, 14, 21 sind Vielfache von …

# Multiplizieren und Dividieren

**11**
(20)

**❶ 3 Zahlen – vier Aufgaben**

| 3, 7, 21 | 72, 9, ☐ | 4, 8, ☐ |

3 · ☐ = ☐    9 · ☐ = ☐    ☐ · ☐ = ☐
7 · ☐ = ☐    ☐ · ☐ = ☐    ☐ · ☐ = ☐
21 : ☐ = ☐   72 : ☐ = ☐   ☐ : ☐ = ☐
21 : ☐ = ☐   72 : ☐ = ☐   ☐ : ☐ = ☐

Ich finde 2 Möglichkeiten.

**❷ Suche 3 Zahlen, die zusammengehören.**

| 16 | 9 | 48 | 72 | 2 | 17 | 7 | 11 | 1 | 0 | 2 | 28 | 9 |
| 7 | 2 | 13 | 54 | 9 | 6 | 7 | 58 | 4 | 64 | 8 | 8 | 9 |
| 6 | 18 | 8 | 3 | 8 | 8 | 49 | 6 | 10 | 60 | 4 | 54 | 81 |

8 Schleifen fehlen noch.

**❸ Verbinde die passenden Multiplikations- und Divisionsaufgaben.**

a)
63 : 7 = ☐     6 · 9 = ☐
42 : 7 = ☐     4 · 9 = ☐
54 : 9 = ☐     9 · 7 = ☐
36 : 9 = ☐     6 · 7 = ☐

b)
28 : 4 = ☐     9 · 4 = ☐
36 : 4 = ☐     8 · 6 = ☐
42 : 6 = ☐     7 · 4 = ☐
48 : 6 = ☐     7 · 6 = ☐

**❹**

21 : 7 = ☐    ☐ · 7 = 21          63 : 9 = ☐    ☐ · 9 = 63

56 : 7 = ☐    ☐ · ☐ = ☐          36 : 6 = ☐    ☐ · ☐ = ☐

72 : 9 = ☐    ☐ · ☐ = ☐          27 : 9 = ☐    ☐ · ☐ = ☐

48 : 8 = ☐    ☐ · ☐ = ☐          28 : 7 = ☐    ☐ · ☐ = ☐

# 12 Beim Dividieren bleibt auch mal ein Rest

(22)

❶ Male nur die passenden Zahlen an.

Teilbar durch 2 — 12, 11, 20, 19, 14, 18, 16

Teilbar durch 6 — 42, 18, 46, 24, 54, 60, 26

Teilbar durch 7 — 42, 56, 47, 21, 28, 64, 35

❷ Die Aufgabe in der Mitte hilft dir.

36 : 6 =
35 : 6 =
32 : 6 =
29 : 6 =
30 : 6 = ☐
34 : 6 =
31 : 6 =
33 : 6 =

50 : 7 =
55 : 7 =
48 : 7 =
51 : 7 =
49 : 7 = ☐
53 : 7 =
54 : 7 =
52 : 7 =

70 : 8 =
68 : 8 =
65 : 8 =
67 : 8 =
64 : 8 = ☐
69 : 8 =
66 : 8 =
63 : 8 =

80 : 9 =
82 : 9 =
85 : 9 =
83 : 9 =
81 : 9 = ☐
89 : 9 =
84 : 9 =
88 : 9 =

❸ Welche Zahlen passen nicht in die Kisten? Streiche durch.

Teiler von 30 — 1, 4, 8, 5, 3, 6, 10, 2

Teiler von 24 — 2, 1, 6, 3, 8, 7, 4, 9

Teiler von 36 — 1, 5, 4, 6, 2, 3, 8, 9

# Im Zauberladen

**1** Zauberlutscher: Male mit der gleichen Farbe aus.

Lutscher: 40, 53, 47, 64, 46, 60, 32

Himbeergeschmack: 7 mehr als 5 · 8
Brennnessel: 10 weniger als 7 · 8
Steinpilzgeschmack: 15 mehr als 9 · 5
Ketchup: Das Doppelte von 4 · 5
Meersalzlutscher: 2 weniger als 11 · 5
Zitronengeschmack: Die Hälfte von 8 · 8
Kartoffel: 1 mehr als 9 · 7

**2** Welcher Zauberschuh gehört in welche Schachtel? Verbinde.

Schuhe: 3 · 8 = ☐, 9 · 4 = ☐, 6 · 5 = ☐, 9 · 2 = ☐, 8 · 2 = ☐

Schachteln: 3 · 10 = ☐, 3 · 6 = ☐, 4 · 4 = ☐, 6 · 6 = ☐, 6 · 4 = ☐

**3** Zaubertücher: Ergänze.

24 = 4 · ☐, gleich kommt die alte _____.

16 = 2 · ☐, heut spukt es in der _____.

28 = 7 · ☐, aus jedem Stein wird gleich ein _____.

56 = 8 · ☐, heut' wird mit dem Fuß _____.

30 = 10 · ☐, am besten schmeckt mir _____.

72 = 8 · ☐, da darf der Zauberer sich _____.

*Tier, Schlangenbrei, Hex', geschrieben, treu'n, Nacht*

**4** Zauberbälle: Male mit der gleichen Farbe aus oder verbinde.

Bälle: 100 − 7·5 ; 9·6 + 2·3 ; 9·3 + 5·10 ; 8·4 + 3·7 ; 99 − 7·7

50: Fußball → jeder Schuss ein Tor
53: Basketball → fliegt 7 m hoch
60: Faustball → trifft immer den Gegner
65: Tennisball → zerstört jeden Schläger
77: Zauberball → gewinnt jedes Spiel

# Wir wiederholen: Multiplizieren und Dividieren

**14**
(24)

**❶ Welche Aufgaben passen nicht zu den Drachen?**

Drache 40:
5 · 8 =
4 · 10 =
4 · 9 =
2 · 20 =

Drache 24:
3 · 8 =
4 · 7 =
4 · 6 =
2 · 12 =

Drache 18:
3 · 8 =
3 · 6 =
2 · 9 =
18 · 1 =

Drache 30:
6 · 5 =
2 · 15 =
4 · 7 =
5 · 6 =

**❷ Wie geht es weiter?**

Leiter 1: 24, 16, 8
Leiter 2: 90, 81, 72
Leiter 3: 21, 14, 7
Leiter 4: 60, 54, 48
Leiter 5: 12, 8, 4
Leiter 6: 30, 27, 24

**❸ 3 Zahlen – 4 Aufgaben**

Kürbis 1: 8, 72
Kürbis 2: 4, 6
Kürbis 3: 3, 27
Kürbis 4: 9, 54

**❹ Teilen mit Rest**

58 : 6 =
57 : 6 =
55 : 6 =
56 : 6 =
54 : 6 =
52 : 6 =
59 : 6 =
53 : 6 =

37 : 4 =
35 : 4 =
32 : 4 =
38 : 4 =
36 : 4 =
39 : 4 =
40 : 4 =
34 : 4 =

# 1000 – eine überschaubare Zahl

**1** Trage ein und zeichne.

**2** Welche Karten gehören zusammen? Färbe und ergänze.

| zweihundert-vierund-neunzig | vierhundert-neunund-zwanzig | neunhundert-vierund-zwanzig | zweihundert-vierund-vierzig | vierhundert-vierund-neunzig |

| H Z E<br>9 2 4 | H Z E | H Z E<br>4 9 4 | H Z E<br>2 9 4 | H Z E<br>4 2 9 |

| 4 9 4 | 2 9 4 | | 4 2 9 | 2 4 4 |

**3** Immer zwei Zahlen ergeben zusammen 1000.
Färbe mit der gleichen Farbe.

| 0 | 100 | 200 | 300 | 400 | 500 | 600 | 700 | 800 | 900 | 1000 |

**4**

250 250 150

550
300   500

1000
200   400

50, 200, 350, 400, 400, 500, 600, 900, 900

**5** Immer 1000:

# Legen, spielen, rechnen mit der Stellenwerttafel

**1** Zeichne und schreibe die Zahlen.

a)
| H | Z | E | |
|---|---|---|---|
| •• | ∷ | • | |
| ∴ | • | ∴ | |
| •• | | ∴ | |
| | | | 153 |
| | | | 513 |
| | | | 351 |

b)
1H 4E
9H 5E
7E 6Z 3H
3Z 3H
5H 8E
3H 7Z 4E

| H | Z | E | |
|---|---|---|---|
| • | | ∷ | 104 |
| | | | |
| | | | |
| | | | |
| | | | |
| | | | |

**2** Zahlenrätsel: Male Rätsel und Lösungszahl mit der gleichen Farbe an.

a) Die Zahl hat 6 Hunderter, 3 Zehner und 2 Einer.

b) Die Zahl hat 4 Zehner und 2 Hunderter.

c) Die Zahl hat 4 Hunderter, halb so viele Zehner und 3 Einer.

d) Die Zahl hat 6 Einer, halb so viele Hunderter und 2 Zehner.

e) Die Zahl hat 4 Zehner, doppelt so viele Hunderter und halb so viele Einer wie Zehner.

f) Die Zahl hat 3 Hunderter, doppelt so viele Einer und einen Zehner.

| 316 | 842 | 423 | 632 | 326 | 240 |

**3** Simsala hat diese Zahl gelegt.

| H | Z | E |
|---|---|---|
| ∴ | •• | ∷ |

Ich lege es zuerst zu den H ...

Bim legt ein Plättchen dazu. Welche Zahlen können entstehen?

| H | Z | E | |
|---|---|---|---|
| •• | •• | ∷ | |

| H | Z | E | |
|---|---|---|---|
| •• | ∴ | ∷ | |

| H | Z | E | |
|---|---|---|---|
| •• | •• | ∷ | |

**4** Welche Zahlen entstehen, wenn du sie mit jeweils einem Plättchen veränderst?

a)
| H | Z | E | |
|---|---|---|---|
| ∷• | •• | ∷ | |

634

b)
| H | Z | E | |
|---|---|---|---|
| •• | ∷• | •• | |

# Viele Punkte    17

(32)

**Verbinde die Punkte.**

von 795 bis 823

von 679 bis 699

von 286 bis 315

von 90 bis 113

Male das fertige Bild aus.

# 1000 – auf dem Zahlenstrahl

**1**

0  50  100
[70] [ ] [ ] [ ] [ ] [ ] [ ] [ ] [ ] [ ] [ ]

Trage in den Zahlenstrahl ein
a) alle Hunderterzahlen,
b) alle Zahlen mit 5 Zehnern (50, 150, …),
c) die Zahlen mit den Pfeilen.

**2** Nachbarn gesucht.

a) [321] 322 [323]   [ ] 999 [ ]   [ ] 491 [ ]
   [ ] 102 [ ]       [ ] 100 [ ]   [ ] 333 [ ]
   [ ] 690 [ ]       [ ] 650 [ ]   [ ] 765 [ ]

b) Nachbarzehner: Male den Nachbarzehner an, der näher liegt.

   [370] 376 [ ]   [ ] 666 [ ]   [ ] 692 [ ]
   [ ] 423 [ ]     [ ] 502 [ ]   [ ] 285 [ ]
   [ ] 990 [ ]     [ ] 300 [ ]   [ ] 719 [ ]

c) Nachbarhunderter: Male den Nachbarhunderter an, der näher liegt.

   [ ] 145 [200]   [ ] 999 [ ]   [ ] 350 [ ]
   [ ] 603 [ ]     [ ] 444 [ ]   [ ] 770 [ ]
   [ ] 499 [ ]     [ ] 555 [ ]   [ ] 548 [ ]

**3** <, >, = ?

796 ○ 769     189 ○ 198     654 ○ 564
505 ○ 550     323 ○ 232     990 ○ 990

**4**

600  610                                                          700
[ ]  [ ]  [ ]  [ ]  [ ]  [ ]  [ ]  [ ]  [ ]

Trage in den Zahlenstrahl ein
a) die Zahlen an den langen Strichen,
b) die Zahlen mit den Pfeilen.

# Tausender-Leporello 1

**19**
(36)

❶ Ergänze bei den beiden Hunderterfeldern
a) alle Zahlen mit 3 Zehnern,
b) alle Zahlen mit 3 Einern.

❷ Ergänze bei den beiden Hunderterfeldern
a) alle Zahlen mit 6 Zehnern,
b) alle Zahlen mit 6 Einern.

❸ Trage diese Zahlen an der richtigen Stelle im Hunderterfeld ein:

| 307 | 607 | 304 | 604 |
|-----|-----|-----|-----|
| 340 | 640 | 370 | 670 |
| 322 | 622 | 348 | 648 |
| 325 | 625 | 320 | 620 |
| 377 | 677 | 344 | 644 |

❹ Färbe in den Hunderterfeldern
a) alle Zahlen mit 2 gleichen Ziffern gelb,
b) alle Zahlen mit 3 gleichen Ziffern grün.
Erkennst du ein Muster? Wie sieht es wohl in anderen Hunderterfeldern aus?

❺ Färbe alle Zahlen, deren Quersumme 10 ergibt, in den Hunderterfeldern blau.

| 301 |     |     |     | 305 |     |     | 308 |     | 310 |
|-----|-----|-----|-----|-----|-----|-----|-----|-----|-----|
|     | 312 |     | 314 |     |     |     |     | 319 |     |
|     |     | 323 |     |     |     |     | 328 |     | 330 |
|     |     |     | 334 |     |     |     |     |     |     |
|     |     |     |     | 345 |     |     |     |     |     |
|     |     |     |     |     | 356 |     |     |     |     |
|     |     |     |     |     |     | 367 |     |     |     |
| 371 |     | 373 |     |     |     |     | 378 |     |     |
|     | 382 |     |     |     |     |     | 387 |     | 389 |
| 391 |     | 393 |     |     |     | 396 |     |     | 400 |

| 601 |     |     |     |     |     |     |     |     |
|-----|-----|-----|-----|-----|-----|-----|-----|-----|
| 611 | 612 | 613 | 614 | 615 | 616 | 617 | 618 | 619 |
| 621 |     |     |     |     |     |     |     | 629 |
| 631 |     |     |     |     |     |     |     | 639 |
| 641 |     |     |     |     |     |     |     | 649 |
| 651 | 652 | 653 | 654 | 655 |     |     |     | 659 |
| 661 |     |     |     | 665 |     |     |     | 669 |
| 671 |     |     |     | 675 |     |     |     | 679 |
| 681 |     |     |     | 685 |     |     |     | 689 |
| 691 |     |     |     | 695 |     |     |     | 699 |

Für die Quersumme addiert man Hunderter-, Zehner- und Einerstellen, z. B. bei 345: *3 + 4 + 5 = 12*.

❻ Rechne und färbe die Start- und Ergebniszahlen in den Hunderterfeldern rot.

a) 356 (+20) ☐ (+1) ☐ (+20) ☐ (−1) ☐ (+2) ☐

398 (−30) ☐ (+10) ☐ (+10) ☐ (−30) ☐ (−1) ☐

b) 617 (+20) ☐ (+2) ☐ (−30) ☐ (−1) ☐ (+40) ☐

648 (+1) ☐ (−20) ☐ (−1) ☐ (−1) ☐ (−20) ☐ (+40) ☐

# Tausender-Leporello 2

**1** Wie heißen die Zahlen rund um die Startzahl? Trage ein.

| 346 | | 296 | | 704 | | 989 |

Bei welchen Zahlen beträgt der Unterschied zur Startzahl …

- 10 ? ⟶ Färbe blau.
- 1 ? ⟶ Färbe gelb.
- 9 ? ⟶ Färbe grün.
- 11 ? ⟶ Färbe rot.

**2** Setze die Zahlenfolgen fort.

90, 130, 170, …, …, …, 370, …, …, 570

960, 890, 820, …, …, …, 470, …, …, …, 120

100, 160, 140, 200, 180, …, …, 260, …, …, 340

**3** Welche Zahlen sind auf dieser Seite des Tausender-Leporellos verdeckt? Schreibe sie auf.

♥: _____

★: _____

■: _____

| ★ | 502 | 503 | 504 | 505 | 506 | 507 | ♥ | 509 | 510 |
|---|---|---|---|---|---|---|---|---|---|
| 511 | 512 | 513 | 514 | 515 | 516 | ★ | 518 | 519 | 520 |
| 521 | 522 | 523 | 524 | ♥ | 526 | 527 | 528 | 529 | ■ |
| 531 | 532 | ■ | 534 | 535 | 536 | 537 | 538 | 539 | 540 |
| 541 | 542 | 543 | 544 | 545 | ■ | 547 | 548 | 549 | ★ |
| 551 | 552 | 553 | ♥ | 555 | 556 | 557 | 558 | 559 | 560 |
| ■ | 562 | 563 | 564 | 565 | 566 | ♥ | 568 | 569 | 570 |
| 571 | 572 | 573 | ★ | 575 | 576 | 577 | 578 | 579 | 580 |
| 581 | ♥ | 583 | 584 | 585 | 586 | 587 | 588 | ★ | 590 |
| 591 | 592 | 593 | 594 | 595 | ■ | 597 | 598 | 599 | 600 |

**4** Setze die Zahlenfolgen fort und färbe die Zahlen im oberen Feld.

a) 541, 543, 545, ___, ___, ___, ___, ___, ___, 559 (gelb)

b) 503, 506, 509, ___, ___, ___, ___, ___, ___, 530 (grün)

c) 598, 595, 592, ___, ___, ___, ___, ___, ___, 571 (grün)

d) 501, 512, 523, ___, ___, ___, ___, ___, ___, 600 (rot)

e) 591, 582, 573, ___, ___, ___, ___, ___, ___, 510 (rot)

# Spiegelbilder

**21**
(38)

**❶ Male jeweils Bild und Spiegelbild mit der gleichen Farbe an.**

**❷ Zeichne die Spiegelachsen ein.**

**❸ Wie viele Spiegelachsen haben die Figuren? Zeichne sie ein.**

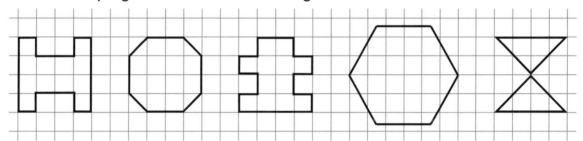

**❹ Spiegle die Figuren an der Spiegelachse.**

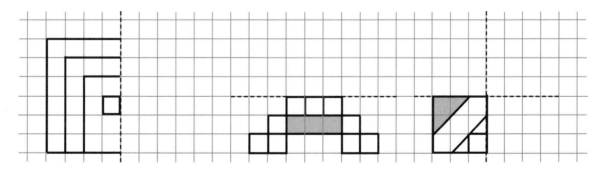

**❺ Zeichne eine Figur. Lege die Spiegelachse fest. Spiegle die Figur daran.**

# Spiegeln

**(38)**

**❶ Ergänze symmetrisch. Male aus.**

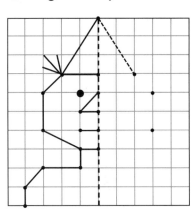 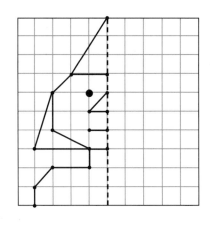 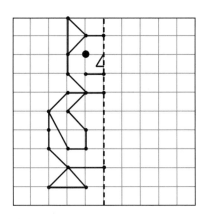

**❷ Ergänze symmetrisch. Male aus.**

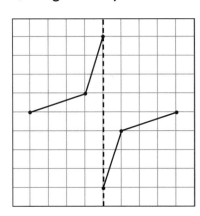 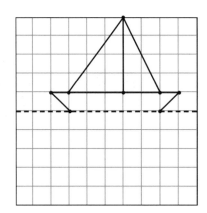 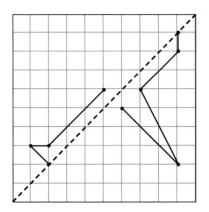

**❸ Symmetrische Muster. Zeichne fertig.**

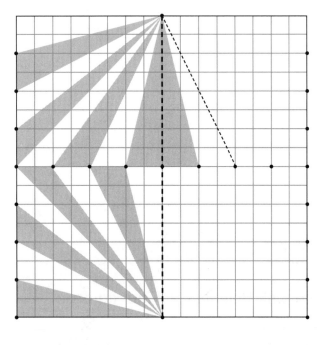 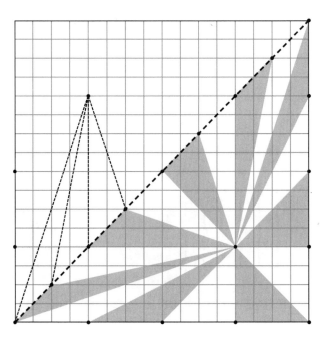

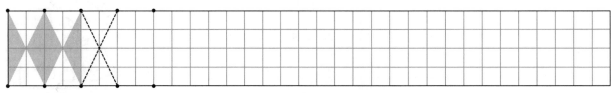

# Figuren am Geobrett

**23**
(40)

**❶ Ergänze zu symmetrischen Figuren.**

A 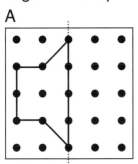  B 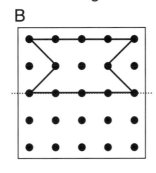  C 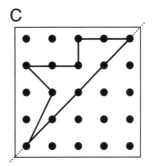  D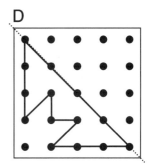

**❷ Zeichne alle rechten Winkel ein.**

A 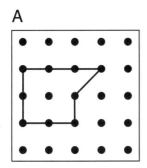  B 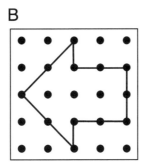  C 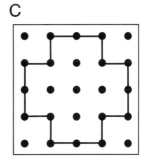  D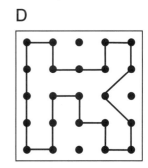

**❸ Die Größe einer Figur misst man in kleinen Quadraten ▢.**

Fläche: 3 ▢
3 Quadrate

Aus wie vielen Quadraten bestehen diese Figuren?

A 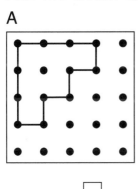  B 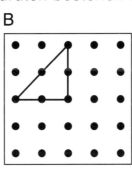  C 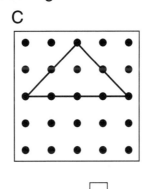  D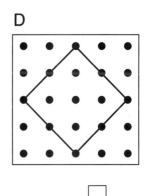

___ ▢   ___ ▢   ___ ▢   ___ ▢

**❹ Zeichne Figuren mit . . .**

A  3 ▢
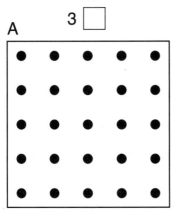

B  6 ▢
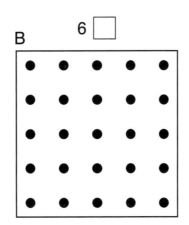

C  10 ▢
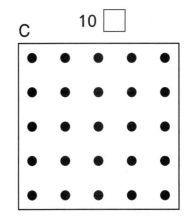

# 24  Rechte Winkel – kleine Flächen – Umfang
(42)

**❶** Bestimme mit dem Eckenmesser die rechten Winkel und trage sie ein.
Gestalte das Bild symmetrisch

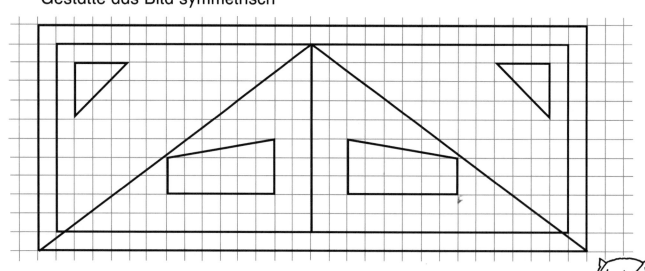

**❷** Bestimme den Flächeninhalt.

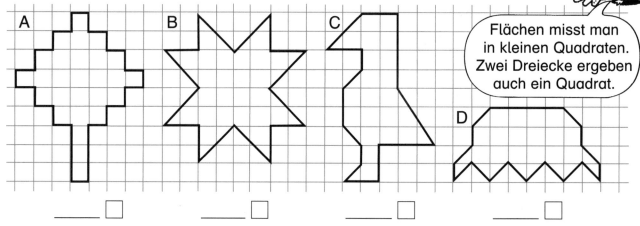

*Flächen misst man in kleinen Quadraten. Zwei Dreiecke ergeben auch ein Quadrat.*

____ ☐   ____ ☐   ____ ☐   ____ ☐

**❸** Gib den Umfang der Figuren an.

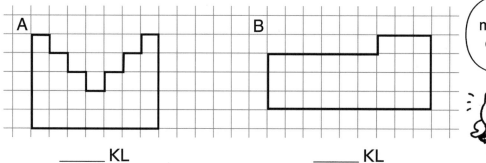

*Den Umfang kann man durch die Anzahl der Kästchenlängen (KL) bestimmen.*

____ KL          ____ KL

**❹** Zeichne zwei eigene Figuren, die den gleichen Umfang haben wie Figur A.

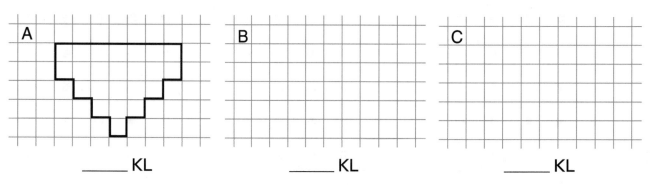

____ KL          ____ KL          ____ KL

# Geldscheine

**1** Wie viel Geld ist es?

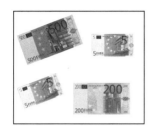  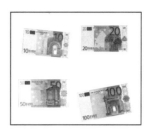 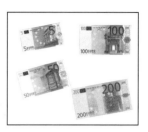

_____ €      _____ €      _____ €      _____ €

**2** Ordne die Geldbeträge von Aufgabe **1** der Größe nach.

_____   _____   _____   _____

**3** Immer 1000 €.
Zeichne die fehlenden Scheine und schreibe die Rechnung auf.

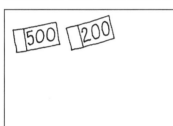 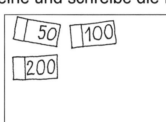 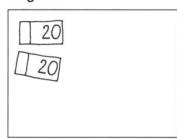

700 € + ☐ = 1000 €   _____   _____

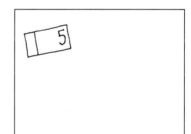

_____   _____   _____

**4** Mit welchen Scheinen könntest du 1000 € bezahlen?
Finde mehrere Möglichkeiten.

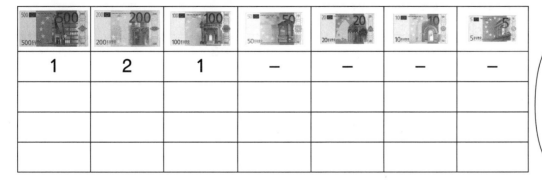

| 500 | 200 | 100 | 50 | 20 | 10 | 5 |
|---|---|---|---|---|---|---|
| 1 | 2 | 1 | – | – | – | – |
|   |   |   |   |   |   |   |
|   |   |   |   |   |   |   |
|   |   |   |   |   |   |   |

Du kannst die Tabelle im Heft weiterführen. Wie viele Möglichkeiten findest du?

# 26 Wir wiederholen: Zahlen bis 1000

(44)

**① Geheimschrift**

| vier-hundert-zwei | H Z E / 4 2 0 | □ □ / · · | 2 0 0 / 4 0 | zweihun-dertvier-undzwan-zig | 4H 2Z 4E | H Z E / 4 4 2 | □ □ / □ □ / ‖ | vierhun-dertzwei-undzwan-zig | 4H 4E |
|---|---|---|---|---|---|---|---|---|---|
| 402 | | | | | | | | | |
| Z | | | | | | | | | |

| 204 | 224 | 240 | 402 | 404 | 420 | 422 | 424 | 442 |
|---|---|---|---|---|---|---|---|---|
| U | E | B | Z | T | A | F | R | H |

**② Wie heißen die Zahlen am Zahlenstrahl?**

a) 0   100 … 60 …

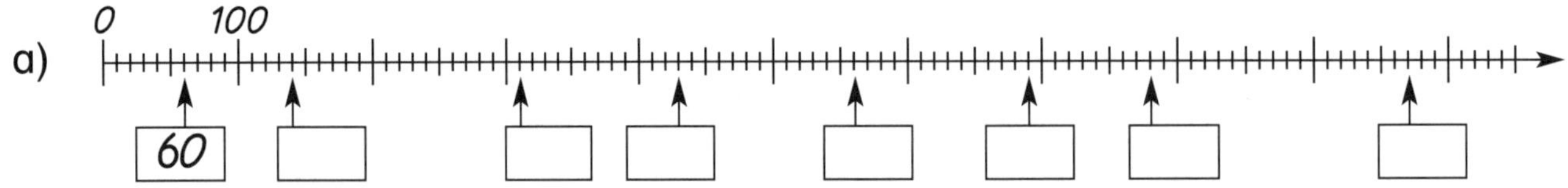

b) 300   310 … 306 …

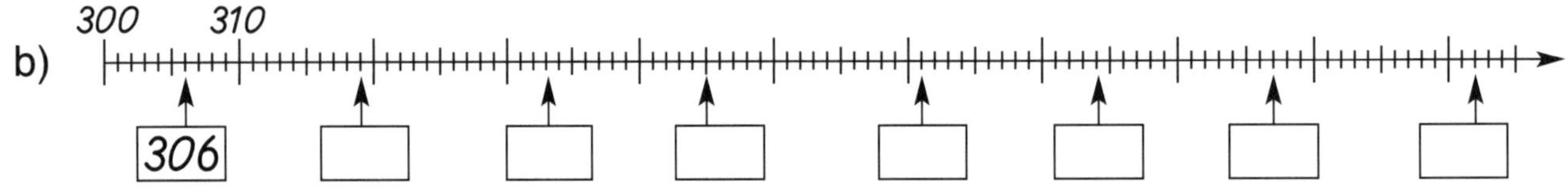

**③ Setze die Zahlenfolgen fort.**

612, 614, 616, …, 632

418, …, 463, 468, 473

824, 831, 838, …, 901

**④ Wo landest du beim Rechnen? Verbinde.**

472 → +20 → −1 → −30 → +3 → −10 → 473

899 → −20 → −2 → +3 → −40 → +4 → 454

423 → +100 → −20 → +2 → −30 → −2 → 844

# Kopfrechen-Training

**(46)**

**❶ Hunderterfreunde**

**❷ Tausenderfreunde**

**❸ Vorsicht!**

a) 50 + 6 =  
500 + 60 =  
500 + 6 =  
500 + 66 =  

b) 200 + 9 =  
20 + 9 =  
200 + 90 =  
200 + 99 =  

c) 600 + 22 =  
600 + 20 =  
60 + 2 =  
600 + 2 =  

**❹ Rechne in einem Rutsch.**

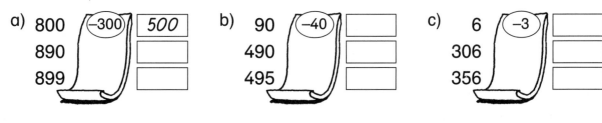

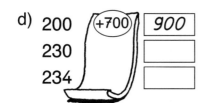 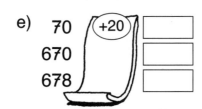 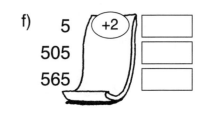

# 28 Rechnen mit Zwischenstopp

(48)

**1** Der Rechenstrich hilft.

a) 538 + 265 = ☐

+200  +60
├─────┬────┬──→
538   738

b) 476 + 254 = ☐

├─────────────
476

c) 619 + 347 = ☐

├─────────────
619

d) 823 + 169 = ☐

├─────────────
823

e) 386 + 473 = ☐

├─────────────
386

f) 265 + 418 = ☐

├─────────────
265

683, 730, 803, 859, 966, 992

**2** Welche Ergebnisse sind falsch?
Überprüfe mit dem Rechenstrich.
Schreibe die richtigen Lösungen dazu.

*Zwei sind richtig, zwei sind falsch!*

a) 543 + 139 = 682

├─────────────
543

b) 628 + 246 = 864

├─────────────
628

c) 323 + 394 = 617

├─────────────
323

d) 482 + 231 = 713

├─────────────
482

# Rechnen mit Zwischenstopp

**1** Der Rechenstrich hilft:

a) 719 − 176 = ☐

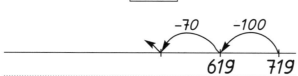

b) 653 − 238 = ☐

653

c) 572 − 345 = ☐

572

d) 929 − 657 = ☐

929

e) 468 − 292 = ☐

468

f) 376 − 184 = ☐

376

176, 192, 227, 272, 415, 543

**2** Welche Ergebnisse sind falsch?
Überprüfe mit dem Rechenstrich.
Schreibe die richtigen Lösungen dazu.

*Zwei sind richtig, zwei sind falsch!*

a) 637 − 345 = 282

637

b) 898 − 536 = 362

898

c) 555 − 468 = 87

555

d) 769 − 275 = 594

769

# 30 Rechentricks und Zahlenspezialitäten

(50)

**1** Zeichne und rechne.

a)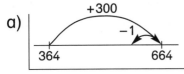

364 + 299 = ☐       678 + 197 = ☐       452 + 490 = ☐

b)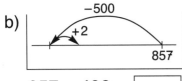

857 − 498 = ☐       525 − 96 = ☐       711 − 597 = ☐

c)

983 − 695 = ☐       278 + 190 = ☐       664 − 395 = ☐

**2** Welcher Ballon gehört zu welchem Korb?

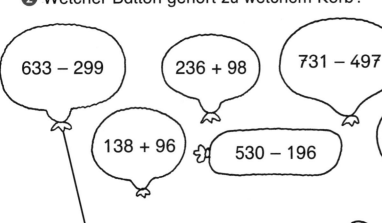

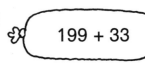

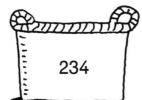

**3** Fehler schnell erkannt:

a)  597 + 354 = 951  ✓        b)  336 − 198 = 138  ☐

    236 + 399 = 535  ☐            728 −  95 = 633  ☐

    618 + 196 = 813  ☐            473 − 297 = 276  ☐

    475 + 290 = 765  ☐            982 − 499 = 484  ☐

Ich finde 4 Fehler.

Wir wiederholen:
# Geobrett, Rechnen bis 1000

31

(50)

❶ Bestimme die Größe der Flächen.

A 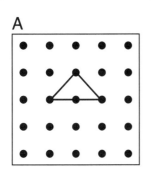   B 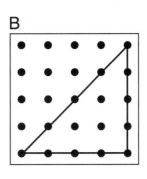   C 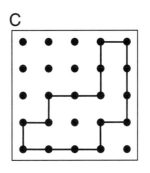   D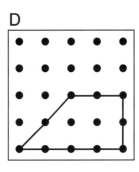

___ ☐         ___ ☐         ___ ☐         ___ ☐

❷ Fünfhunderterfreunde

___   ___   ___   ___   ___   ___

❸ Vorsicht!

400 + 3 = ☐          80 + 7 = ☐           300 + 30 = ☐

40 + 30 = ☐          800 + 70 = ☐          30 + 3 = ☐

400 + 30 = ☐         800 + 7 = ☐           30 + 30 = ☐

400 + 33 = ☐         800 + 77 = ☐          300 + 33 = ☐

❹ Rechnen mit Zwischenstopp

a) 624 + 287 = ☐                356 + 469 = ☐

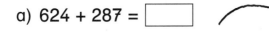

624

b) 982 − 346 = ☐                763 − 539 = ☐

# 32 Meter und Zentimeter

(52)

**❶ Schreibe mit Komma.**

3 m 25 cm = _3,25 m_        416 cm _____        904 cm _____

6 m 71 cm _____            528 cm _____        370 cm _____

8 m  4 cm _____            7 m 20 cm _____     821 cm _____

**❷ Schreibe in cm.**

4 m 61 cm = _461 cm_        4 m 50 cm _____     7,03 m _____

3 m 88 cm _____            5,12 m _____         4,70 m _____

2 m  8 cm _____            8,19 m _____         8,21 m _____

**❸ Immer 3 Angaben gehören zusammen? Verbinde oder färbe.**

| 6 m 12 cm | | 6,12 m | 600 cm | 216 cm |
| 6 m | 2 m 16 cm | 612 cm | 6,00 m | 6,20 m |
| 6 m 20 cm | 6 m 2 cm | 6,02 m | 2,16 m | 602 cm |
| | 620 cm | | | |

**❹ Welche Zeichnung passt zu welcher Geschichte? Schreibe die passende Rechnung dazu.**

a) Claudia ist 1,27 m groß. Sie ist 34 cm größer als ihr Bruder Mark.

R: _____

b) Tatjana und ihre Puppe sind zusammen so groß wie Mama. Tatjana ist 1,28 m, die Puppe ist 44 cm groß.

R: _____

c) Tanja und ihre Schwester sind zusammen so groß wie Vater. Tanja ist 1,10 m und ihr Vater 1,87 m groß.

R: _____

d) Anja ist 1,27 m groß, 34 cm kleiner als ihr Bruder Tobias.

R: _____

# Millimetergenau! 33
(54)

Bleistift gespitzt?

**1** Miss genau.
a) Welcher dicke Strich ist länger?

b) Ist der Punkt gleich weit entfernt von der Spitze und der unteren Seite des Dreiecks?

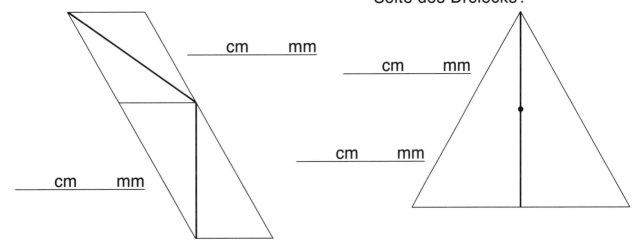

_____ cm _____ mm

_____ cm _____ mm

_____ cm _____ mm

_____ cm _____ mm

**2** Zentimeter und Millimeter: Verbinde und trage ein.

| 8 mm | 3 cm 6 mm | 81 mm | 10 cm 8 mm | 16 cm 5 mm |

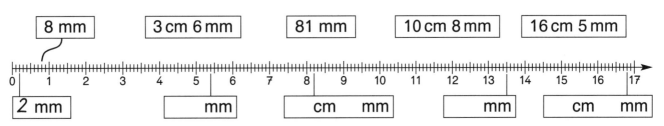

| 2 mm | | _____ mm | _____ cm _____ mm | _____ mm | _____ cm _____ mm |

**3** Zeichne die Strecken.

a)
| 18 mm |
| 20 mm |
| 13 mm |
| 32 mm |

b)
| 2 cm 3 mm |
| 5 cm 1 mm |
| 3 cm 5 mm |
| 4 cm 4 mm |

**4** Wandle um.

a)  4 cm 3 mm = ☐ mm
    11 cm 9 mm = ☐ mm
    7 cm 3 mm = ☐ mm

b)  93 mm = ☐ cm ☐ mm
    100 mm = ☐ cm ☐ mm
    55 mm = ☐ cm ☐ mm

**5** Wie hoch sind die Türme? Miss genau.

   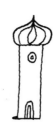 

_____   _____   _____   _____   _____

# 34 Von Eistüten, T-Shirts und Händen
(56)

**1** Im Eiscafe gibt es 4 Sorten Eis. Färbe die Eiskugeln.

○ Schokolade (braun)  ○ Erdbeer (rot)  ○ Pistazie (grün)  ○ Aprikose (gelb)

*Welches Eis ist dein Lieblingseis?*

Katharina wählt 3 verschiedene Kugeln Eis aus.
Welche Möglichkeiten gibt es? Färbe.

**2** Stefan hat 3 kurze Hosen und 4 T-Shirts.

rot  blau  gelb     rot  blau  gelb  grün

Welche verschiedenen Kombinationen kann er bilden?

**3** 5 Leute treffen sich.
Jeder gibt jedem die Hand.
Wie oft werden Hände geschüttelt?
Zeichne ein.

# Körperformen

**35**
(60)

❶ Simsala hat jeden Körper dreimal in Sand gedrückt. Ordne zu.

a) 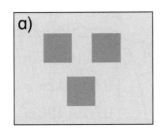  b) 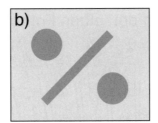  c)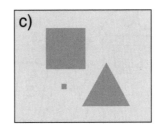

☐ Quader
☐ Kegel
*a)* Würfel
☐ Zylinder
☐ Kugel
☐ Pyramide

d)  e)  f)

Das probiere ich mit Bauklötzen!

❷ Welche Kamera hat welches Foto gemacht?

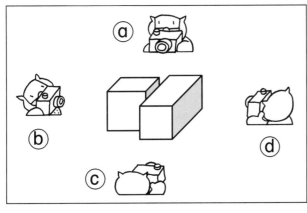 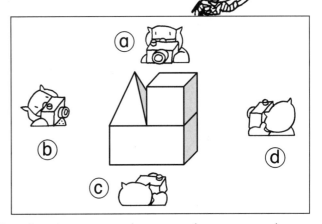

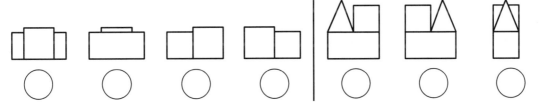

❸ Fotos            Standen die Klötze …

a) von vorn    von hinten      so      oder so?

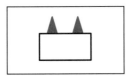   

b) von vorn    von hinten

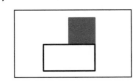   

Streiche die falschen Klötze durch. Male die richtigen Klötze wie in den Fotos an.

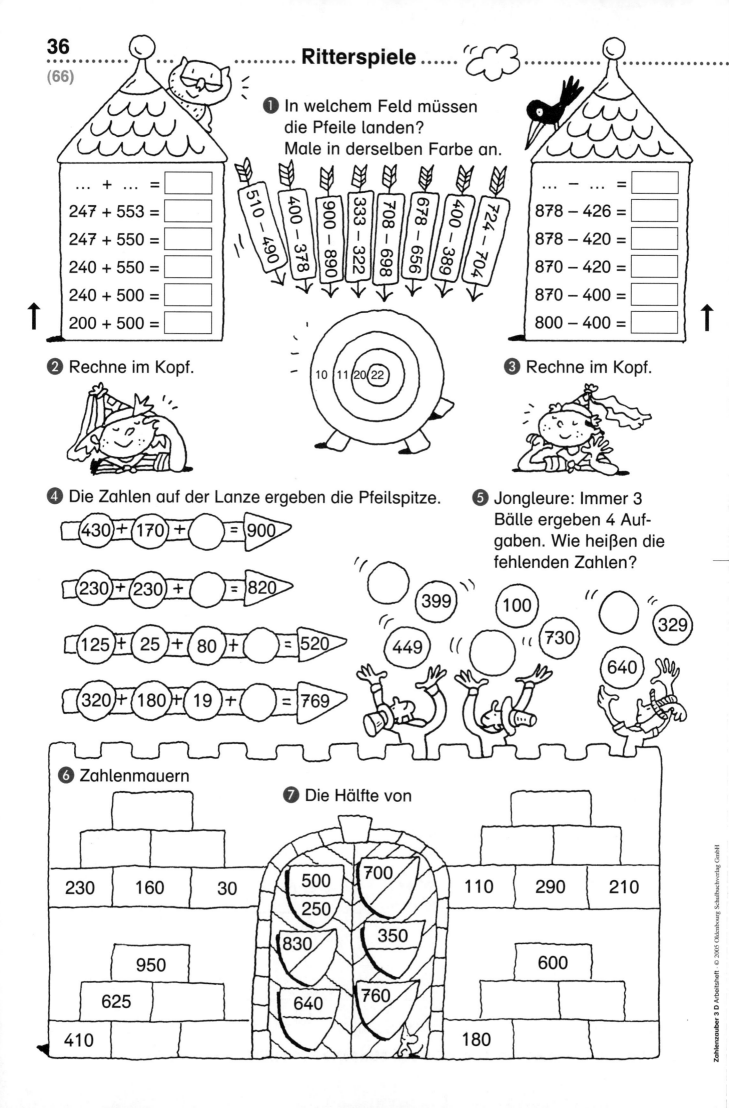

# Genau und ungefähr

**37**
(68)

**❶ Wie gehören die Zahlen zusammen? Verbinde.**

| ca. 200 | über 800 | etwa 60 | über 700 |

| rund 700 | etwa 350 | über 70 | ca. 400 |

( 697 )  ( 839 )  ( 186 )  ( 59 )  ( 407 )  ( 723 )  ( 342 )  ( 72 )

**❷ a) So hoch wachsen Bäume. Zeichne ein Schaubild.**

| Kastanie | ca. 25 m |
|---|---|
| Eiche | ca. 20 m |
| Hasel | ca. 15 m |
| Feldahorn | ca. 10 m |
| Tanne | ca. 40 m |

| Fichte | ca. 30 m |
|---|---|
| Kiefer | ca. 35 m |
| Eibe | ca. 15 m |
| Redwood-Baum (Amerika) | ca. 110 m |
| Sequoia-Baum (Amerika) | ca. 95 m |

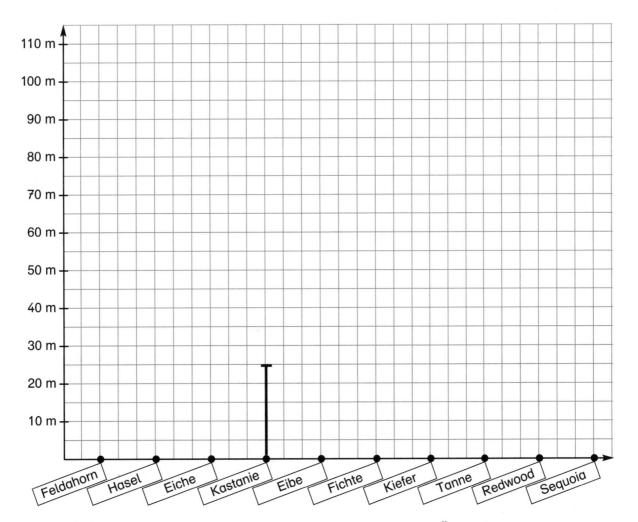

**b) Wie groß wäre ein Mensch in deinem Schaubild? Überlege.**

# Denken, rechnen, knobeln

**(70)**

**❶ Zahlenmauern: Ergänze die fehlenden Zahlen.**

|     | 350 |     |
|-----|-----|-----|
| 230 |     | 80  |

|     | 200 |     |
|-----|-----|-----|
| 510 |     | 70  |

| 1000 |     |
|------|-----|
| 700  |     |
|      | 50  |

120, 130, 200, 250, 300, 450, 550, 640, 840

|     | 370 |     |     |
|-----|-----|-----|-----|
|     | 200 |     |     |
|     | 90  |     |     |
| 30  |     |     |     |

|     | 630 |     |
|-----|-----|-----|
|     | 300 |     |
|     | 120 |     |
|     |     | 60  |

|     |     |     |
|-----|-----|-----|
|     | 60  |     |
| 580 | 40  | 240 |

20, 40, 50, 60, 70, 80, 110, 120, 150, 170, 180, 210, 280, 330, 340, 600, 660, 1000

**❷**

Dreiecke mit Zahlen: 178, 230, 58 | 320, 480, 200 | 250, 135, 240 | 310, 220, 450

40, 90, 105, 120, 145, 160, 230, 280, 288, 320, 350, 360

**❸ Jede Frucht steht für eine Ziffer. Rechne aus.**

🍎 0 · 🍎 0 = 🍎 00     🍎 000 − 🍓 00 = 🍓 00

🍎 00 + 🍎 00 = 🍐 00     🍊 00 + 🍎 00 = 🍋 00

🍌 00 − 🍐 00 = 🍐 00     🍊 00 + 🍌 00 = 🍒 00

🍎 000 − 🍌 00 = 🍋 00     🍋 00 − 🍐 00 = 🍌 00

**❹ Welcher Schlüssel passt zu welcher Schatztruhe? Verbinde oder male mit der gleichen Farbe aus.**

Meine Zahl ist um 48 kleiner als 700.

Wenn du von meiner Zahl 325 subtrahierst, erhältst du 475.

Verdopple meine Zahl, subtrahiere 40, dann erhältst du 600.

320    640    652    800

## Schriftlich addieren

**❶** Umrahme alle Aufgaben, bei denen du dir einen Zehner merken musst, gelb. Rechne anschließend aus.

a) 229 + 537  b) 146 + 821  c) 535 + 356  d) 453 + 237  e) 762 + 234  f) 339 + 446

690, 766, 785, 891, 967, 996

**❷** Umrahme „Zehner gemerkt" gelb, „Hunderter gemerkt" blau. Rechne.

a) 365 + 427  b) 682 + 277  c) 182 + 593  d) 627 + 263  e) 112 + 79  f) 451 + 256

191, 707, 775, 792, 890, 959

**❸** Bim angelt die „Z-gemerkt-Fische", Simsala die „H-gemerkt-Fische" und Eulalia die „Z- und H-gemerkt-Fische". Verbinde und rechne.

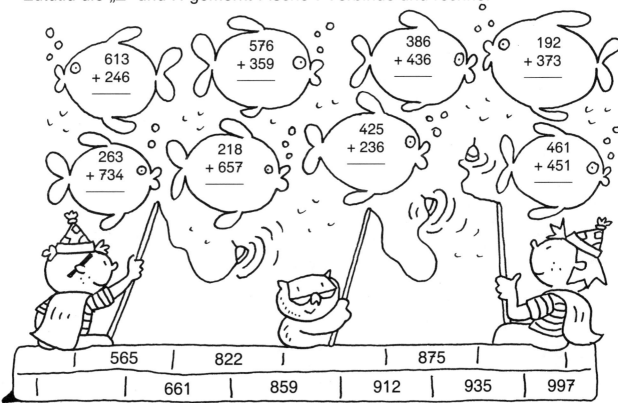

**❹** Wie viele Aufgaben schaffst du im Kopf? Löse die restlichen Aufgaben schriftlich.

a) 36 + 64 =
b) 126 + 39 =
c) 429 + 336 =
d) 769 + 131 =
e) 560 + 320 =
f) 430 + 271 =

# 40 Übung macht den Meister 1

(74)

Ich kann mir 6 Aufgaben sparen!

**❶ Rechne nur die Aufgaben, deren Ergebnis …**

a) zwischen 400 und 500 liegt,

| 228 | 384 | 342 | 179 | 94 | 165 |
|---|---|---|---|---|---|
| +256 | +292 | + 89 | +256 | +312 | +278 |

b) zwischen 700 und 800 liegt,

| 446 | 513 | 286 | 374 | 162 | 203 |
|---|---|---|---|---|---|
| +297 | +188 | +467 | +285 | +596 | +599 |

c) zwischen 500 und 600 liegt.

| 326 | 418 | 523 | 247 | 174 | 84 |
|---|---|---|---|---|---|
| +257 | +196 | + 89 | +268 | +459 | +437 |

**❷ Suche in jeder Reihe die falschen Ergebnisse. Verbinde sie mit dem passenden Stein.**

Rechne richtig:

| 681 | 329 | 536 | | 681 |
|---|---|---|---|---|
| +274 | +368 | +117 | | +274 |
|  | 1 | 1 | | |
| 855 | 697 | 652 | | |

- „gemerkt" vergessen
- falsch untereinander geschrieben
- Fehler beim Rechnen bis 20

Alle Fehler gefunden?

| 426 | 564 | 372 |
|---|---|---|
| + 54 | +117 | +485 |
|  |  | 1 |
| 966 | 671 | 857 |

**❸**

| | | 238 | 192 |
|---|---|---|---|
| | 260 | 225 | 66 |
| 646 | 431 | 118 | 315 |
| +242 | +308 | + 85 | 104 |
| | | | +211 |

# Übung macht den Meister 2

**41**
(74)

**❶ Immer 2 Aufgaben haben das gleiche Ergebnis. Umrahme mit der gleichen Farbe.**

```
  356      615      157       97      536      529
+ 287    + 319    + 495    + 386    + 398    + 468

  623      412      267      415      218      213
+ 374    + 380    + 525    + 228    + 265    + 439
```

**❷ Schriftlich oder im Kopf?**

a) 446 + 330 =

b) 384 + 267 =

c) 598 + 236 =

d) 265 + 457 =

**❸ Ergänze.**

```
    3  6            4 5              5 1 7
+ 2 8 7          +  4    3         + 2 3
  1  1              1                  1
    6  2            9 1 8              7   2


       5               2  5                   6
+ 3    1          +     6 3          + 2 6
  1                                      1
  8 3  7               8 7             5 9 3
```

**❹ Das Lösungswort heißt:** ☐☐☐☐☐☐

```
  468      216      529      637      558      568
+ 357    + 638    + 217    + 285    + 198    + 109
```

| 677 | 922 | 569 | 746 | 635 | 854 | 756 | 916 | 825 |
|-----|-----|-----|-----|-----|-----|-----|-----|-----|
|  R  |  B  |  F  |  U  |  W  |  A  |  E  |  S  |  Z  |

# 42 Schriftlich subtrahieren

(78)

**1** Umrahme alle Aufgaben, bei denen du einmal wechseln musst, gelb.
Rechne alle Aufgaben aus.

| a) | b) | c) | d) | e) | f) |
|---|---|---|---|---|---|
| 625 | 926 | 867 | 318 | 746 | 834 |
| −172 | −413 | − 49 | −206 | −328 | −453 |

112, 381, 418, 453, 513, 818

**2** Umrahme „Zehner gewechselt" gelb, „Hunderter gewechselt" blau.
Rechne aus.

| a) | b) | c) | d) | e) | f) |
|---|---|---|---|---|---|
| 625 | 391 | 539 | 968 | 806 | 783 |
| −473 | −173 | −394 | −598 | −374 | −265 |

145, 152, 218, 370, 432, 518

**3** Bim sammelt die roten Muscheln, bei denen einmal gewechselt wird, Simsala die blauen, bei denen zweimal gewechselt wird. Eulalia bekommt den Rest.

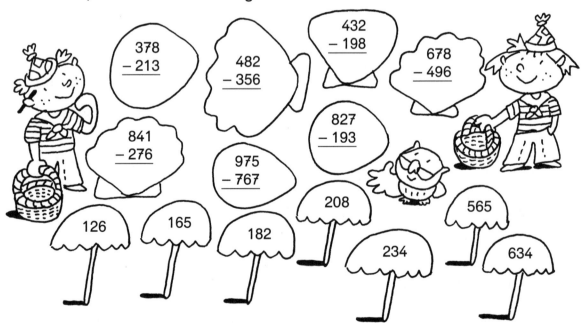

**4** Wie viele Aufgaben schaffst du im Kopf? Trage ein.
Löse die restlichen Aufgaben schriftlich.

a) 368 − 24 = ☐
b) 36 − 22 = ☐
c) 340 − 260 = ☐
d) 638 − 417 = ☐
e) 250 − 125 = ☐
f) 760 − 230 = ☐

# Rechnen mit Nullen

**1** Überlege: „geht" oder „geht nicht".

- 8 Zehner minus 7 Zehner
- 9 Zehner minus 0 Zehner
- 0 Zehner minus 9 Zehner
- 4 Einer minus 8 Einer
- 4 Hunderter minus 3 Hunderter
- 4 Zehner minus 6 Zehner
- 2 Zehner minus 7 Zehner

**2** Rechne.

```
  5 10              6 10              8 10                              8 10          3 2 10
  6̸0 7̸             7̸ 0 9             6 9̸ 0            5 2 8           9̸ 0 7         4̸ 3̸ 0
- 3 7 2           - 4 5 3           - 4 3 8          - 3 0 6          - 5 7 1       - 2 8 8
```

**3** Das Lösungswort heißt: ☐ ☐ ☐ ☐ ☐

```
  6 3 8             7 0 8             9 0 6             7 1 9            4 2 0          9 0 6
- 4 0 6           - 2 4 4           - 1 1 9           - 5 2 8          - 2 2 9        -   5 8
```

| 141 | 191 | 212 | 232 | 323 | 363 | 464 | 575 | 636 | 787 | 797 | 848 | 959 |
|-----|-----|-----|-----|-----|-----|-----|-----|-----|-----|-----|-----|-----|
| B | S | R | K | K | N | L | D | Y | A | E | E | O |

**4** Wie viele Aufgaben schaffst du im Kopf? Rechne die anderen schriftlich.

a) 600 − 23 = ☐
800 − 120 = ☐
700 − 325 = ☐

b) 1000 − 329 = ☐
500 − 333 = ☐
400 − 191 = ☐

c) 460 − 220 = ☐
890 − 530 = ☐
740 − 366 = ☐

So viele Aufgaben habe ich im Kopf gelöst: ☐

**5** Fehler unter der Lupe. Erkläre und berichtige.

a)
```
  3 0 8
- 1 2 6
  2 2 2
```

b)
```
    9 10
  7 0̸ 3
- 4 3 7
  3 6 6
```

# 44 Übung macht den Meister

(82)

**❶ Witzige Ergebnisse**

```
  777       856       988       412       663       864
- 543     - 178     - 532     - 289     -  96     - 519
```

**❷ Rechne nur die 4 Aufgaben, deren Ergebnis zwischen 500 und 600 liegt.**

```
  947       713       881       644       789       887
- 381     - 137     - 295     - 281     - 245     - 176
```

**❸ Suche in jeder Reihe die falschen Aufgaben.**
Verbinde sie mit dem passenden Ball.      Rechne richtig:

```
    7                6 2           374
  586              7̷ 3̷ 5         - 227
- 129             - 568           1 1
  458   f           167            601
```

- Fehler beim Rechnen bis 20
- Wechseln vergessen
- + und − vertauscht

Machst du noch Fehler?

```
                  5 1                7
  876              6̷ 2 3           9 8̷ 6
- 349             - 587           - 719
  533               36              265
```

**❹ a)**

```
  541       924       537       422       253       620
- 263     - 762     - 381     - 260     - 161     - 186
```

**b)**

```
  953       419       845       731       643       318
- 667     - 275     - 650     - 575     - 274     - 187
```

92, 131, 144, 156, 156, 162, 162, 195, 278, 286, 369, 434

# Ein Kilometer – 1000 Meter

**❶ Immer ein Kilometer**

| 1 km | |
|---|---|
| 700 m | |
| 250 m | |
| 635 m | |
| 911 m | |
| 470 m | |

| 1 km | |
|---|---|
| 30 m | |
| | 300 m |
| 330 m | |
| | 3 m |
| 333 m | |

| 1 km | |
|---|---|
| 120 m | |
| 451 m | |
| | 603 m |
| 58 m | |
| | 773 m |

Wie lange brauche ich wohl?

**❷ Wandle um.**

5000 m = ☐ km ☐ m  3 km 100 m = ☐ m
1020 m = ☐ km ☐ m  7 km = ☐ m
3500 m = ☐ km ☐ m  1 km 1 m = ☐ m
9000 m = ☐ km ☐ m  1 km 10 m = ☐ m

**❸ a) Durchschnittliche Geschwindigkeiten:**
Ergänze die Tabelle.

| | Zeit für 100 m | Zeit für 200 m | 1 km |
|---|---|---|---|
| Fußgänger | 1 min 30 s | 3 min | 15 min |
| Schlange | 30 s | | |
| Rind | | 4 min | |
| Rennpferd | 6 s | | |
| Gepard | | | 30 s |
| Schnecke | 11 h | | |

Halten die das Tempo auch alle durch?

b) Katharina und Mateja wohnen 1 km und 500 m auseinander.
Wie lange braucht Katharina, bis sie bei Mateja ist?

R: _____

_____

A: _____

# 46 Nun bin ich fit bei ⊕ und ⊖

(88)

**❶ Hüpf im Päckchen.**

a)
```
  1 3 6
+ 2 7 5
  1 1
[4 1 1]

  9 6 4
+   3 6
  [   ]

  4 1 1
- 1 9 5
  [   ]

  2 1 6
+ 7 4 8
  [   ]
```
Ziel 1000

b)
```
  9 8 7
- 1 1 8
  [   ]

  1 9 8
+ 5 2 6
  [   ]

  8 6 9
- 6 7 1
  [   ]

  7 2 4
- 6 1 4
  [   ]
```
Ziel 110

c)
```
  5 3 4
+ 2 8 7
  [   ]

  1 6 8
-   9 7
  [   ]

    7 1
+ 5 3 5
  [   ]

  8 2 1
- 6 5 3
  [   ]
```
Ziel 606

d)
```
  1 0 0 0
-   5 3 7
  [     ]

    4 6 3
+   1 8 8
    [   ]

    1 4 2
+   8 5 7
    [   ]

    6 5 1
-   5 0 9
    [   ]
```
Ziel 999

**❷ Male die Ergebnisse im Hunderterfeld aus.**

a)
```
  9 2 7
- 3 7 1
  [   ]

  8 6 7
- 2 7 8
  [   ]

  9 6 8
- 3 9 0
  [   ]

  6 7 1
- 1 0 4
  [   ]

  7 1 3
- 1 1 3
  [   ]
```

b)
```
  2 8 6
+ 2 1 5
  [   ]

  4 3 2
+ 1 1 3
  [   ]

  1 0 8
+ 4 1 5
  [   ]

    9 6
+ 4 1 6
  [   ]

  2 1 7
+ 3 1 7
  [   ]
```

c)
```
  3 3 6
+ 1 9 2
  [   ]

  6 2 4
-   7 4
  [   ]

  8 1 5
- 2 7 6
  [   ]

  2 2 8
+ 2 8 9
  [   ]

  9 8 1
- 4 7 5
  [   ]
```

d)
```
  8 6 4
- 2 9 1
  [   ]

  5 9 2
-   3 7
  [   ]

    8 8
+ 4 7 6
  [   ]

  3 2 9
+ 2 6 2
  [   ]

  8 1 7
- 2 3 5
  [   ]
```

## Wir wiederholen:
## Längen, Körper, schriftliches Rechnen

**47**
(88)

**❶** Anne ist 1,22 m groß. Ihre Schwester Sara ist halb so groß. Vater ist so groß wie beide zusammen.

Sara: _____

Vater: _____

**❷** Miss genau.

  3cm ☐ mm = ☐ mm

☐ cm ☐ mm = ☐ mm

☐ cm ☐ mm = ☐ mm

**❸** Körperformen: Was passt zusammen? Male in der gleichen Farbe an.

| 5 Ecken | 8 Ecken | 0 Ecken | 6 Ecken |

Würfel

Prisma

Kegel

Quader

Zylinder   8 Ecken   Pyramide   1 Ecke

**❹** Schriftlich oder im Kopf?

351 + 46 = ☐      758 + 142 = ☐      467 + 358 = ☐
628 − 98 = ☐      956 − 236 = ☐      819 − 276 = ☐

**❺ a)**
```
  6 2 3      5 1 8      4 1 3      6 5 9      9 0 6      5 6 2
+ 1 8 7    − 2 5 7    + 4 7 8    + 1 6 7    − 5 8 7    − 3 8 8
```

**b)**
```
  8 0 1      6 0 2      5 6 3      4 8 6      8 1 6      2 3 8
− 5 9 6    − 4 8 3    + 2 5 7    −   9 5    − 7 8 9    + 4 8 7
```

27, 119, 174, 205, 261, 319, 391, 725, 810, 820, 826, 891

# 48 Überschlagen und überprüfen
(90)

❶ Welche Überschläge passen am besten? Male an.

| | | | |
|---|---|---|---|
| a) 453 + 151 + 386 | 400 + 200 + 400 | 400 + 100 + 300 | 500 + 200 + 400 |
| b) 291 + 185 + 417 | 200 + 100 + 400 | 300 + 200 + 400 | 300 + 200 + 500 |
| c) 367 + 158 + 275 | 400 + 100 + 300 | 400 + 200 + 300 | 300 + 100 + 200 |
| d) 613 + 86 + 256 | 600 + 100 + 250 | 600 + 200 | 600 + 100 + 300 |
| e) 508 + 79 + 187 | 600 + 200 | 600 + 100 + 200 | 500 + 200 |

Rechne nun genau. Vergleiche mit dem Überschlag

a)
```
  4 5 3
  1 5 1
+ 3 8 6
```
b)   c)   d)   e)

❷ Überprüfe genau.
a) Rechne von unten nach oben.                 Rechne richtig:

```
  4 5 6          2 8 7          7 0 3
+ 2 7 5        +   9 8        + 2 5 6
  1 1              1              1
  7 3 1          2 8 5          9 6 9
```

b) Rechne die Umkehraufgabe.

```
    4                               7 0
  6 5̷ 3          4 3 5            8 1̷ 4
- 2 1 8        + 2 1 8          - 6 8 5
  4 3 5                            1 8 9
```

```
    8 1
  9 2̷ 6̷
- 1 5 7
  7 6 9
```

❸ Zielzahl 600. Immer 2 gehören zusammen.

| 3̷5̷2̷ | 445 | 376 | 432 | 2̷4̷8̷ | 503 | |
| 117 | 168 | 97 | 483 | | 224 | 155 |

```
  3 5 2
+ 2 4 8
  1 1
  6 0 0
```

## Rund ums Rad

**FAHRRAD-MARKT**

1. Horky 300
   - 3-Gang-Schaltung
   - Rücktrittbremse
   - 184,50 €

2. Allospeed 250
   - Alufelgen
   - Rahmen C+Mo
   - Komponenten
   - RDTY 15-59
   - 229,- €

**FAHRRAD-MARKT**

3. Fahrradmantel: Stück 10 €
4. Werkzeugset 12,75 €
5. Fahrradflasche 3,25 €
6. Fahrradhelm 42,- €
7. Beleuchtungsset 25,50 €

---

**❶** Leon spart für das Fahrrad ⟨1⟩. 137 € hat er bereits gespart. Seine Tante gibt ihm 50 € dazu. Er könnte jeden Monat 4 € von seinem Taschengeld sparen. Da am Fahrrad kein Licht montiert ist, braucht er ein Beleuchtungsset.

Rechne aus:

a) ⟨Gesamtpreis⟩ _____

b) ⟨vorhandenes Geld⟩ _____

c) ⟨fehlendes Geld⟩ _____

d) ⟨So lange muss er sparen:⟩ _____

**❷** Claras Vater wechselt bei allen 3 Rädern der Familie die Fahrradmäntel. Wie viel kosten die Fahrradmäntel für alle 3 Räder?

a) Wie passen diese Begriffe zur Aufgabe? Überlege und rechne.

⟨Einzelpreis⟩ _____  ⟨Stückzahl⟩ _____  ⟨Gesamtpreis⟩ _____

b) Ein Angebot: 5 Fahrradmäntel nur 45 €!

⟨Gesamtpreis⟩ _____  ⟨Stückzahl⟩ _____  ⟨Einzelpreis⟩ _____

**❸** Zusätzlich zu den 6 Fahrradmänteln kauft Herr Stein ein Werkzeugset und eine Fahrradflasche. Wie viel bezahlt er?

Überschlag: _____

Rechnung: _____

Antwort: _____

# 50 Zeitpunkte und Zeitspannen

(94)

**1** Schreibe den genauen Zeitpunkt auf.

6.05 Uhr  _____  _____

18.05 Uhr  _____  _____

**2** Trage die genaue Uhrzeit ein.

16.35 Uhr    13.27 Uhr    8.15 Uhr

**3** Färbe jeweils die Zeitspanne. Gib ihre Länge an.

von 12.10 Uhr  von 6.10 Uhr  von 16.38 Uhr  von 20.00 Uhr  von 18.48 Uhr  von 11.20 Uhr
bis 12.24 Uhr  bis 6.24 Uhr  bis 16.52 Uhr  bis 20.15 Uhr  bis 19.07 Uhr  bis 12.15 Uhr

14 min  _____  _____  _____  _____  _____

**4** Eine Schulstunde dauert 45 Minuten. Zeichne in jede Uhr den Beginn und das Ende deiner Schulstunde.

1. Stunde    2. Stunde    3. Stunde    4. Stunde    5. Stunde    6. Stunde

_____  _____  _____  _____  _____  _____

_____  _____  _____  _____  _____  _____

**5** Wandle um.

3 min 19 s = ☐ s        215 s = ☐ min ☐ s

1 min 52 s = ☐ s        315 s = ☐ min ☐ s

6 min 41 s = ☐ s        415 s = ☐ min ☐ s

1 h 28 min = ☐ min      115 min = ☐ h ☐ min

6 h 54 min = ☐ min      515 min = ☐ h ☐ min

Und die Pause?

# Vogeluhr 51

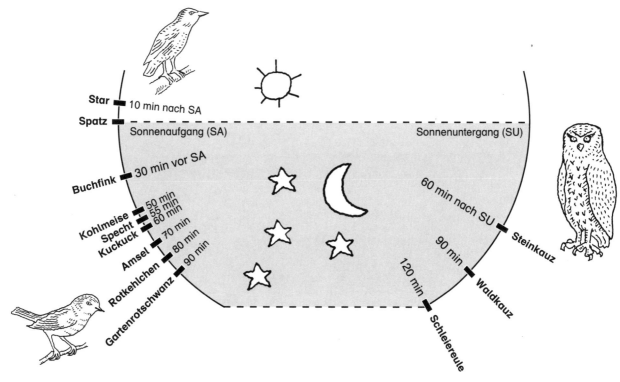

❶ Viele Vögel beginnen morgens schon vor Sonnenaufgang zu singen. An der Vogeluhr kannst du ablesen, wann sie anfangen.

|  | | SA am 21.4. 6.12 Uhr | SA am 21.7. 5.36 Uhr |
|---|---|---|---|
| Gartenrotschwanz | 90 min vor SA | 4.42 Uhr | |
| Rotkehlchen | | | |
| Amsel | | | |
| Kuckuck | | | |
| Specht | | | |
| Kohlmeise | | | |
| Buchfink | | | |
| Spatz | | | |
| Star | | | |

❷ Abends rufen Käuze und Eulen.

|  | | SU am 21.4. 20.13 Uhr | SU am 21.7. 21.04 Uhr |
|---|---|---|---|
| Steinkauz | 60 min nach SU | 21.13 Uhr | |
| Schleiereule | | | |
| Waldkauz | | | |

# 52 Ein Besuch im Tierpark Hellabrunn ...
(102)

**Zeichne die Wege ein.**

1 Streichelgehege
2 Europa
3 Amerika
4 Aquarium
5 Affenhaus
6 Australien
7 Elefantenhaus
8 Dschungelzelt
9 Schildkrötenhaus
10 Afrika
11 Polarium
12 Kinderzoo
13 Asien
14 Villa Dracula
15 Großvoliere

**❶** Du betrittst den Zoo beim Eingang Isar.
Du willst auf dem kürzesten Weg zur „Villa Dracula". Beschreibe den Weg.

**❷** Du bist nun in der „Villa Dracula" und musst auf die Toilette. Wie gehst du?

**❸** „Wir waren bei den Vögeln an der Großvoliere und gingen in Richtung Amerika-Abteilung. An der nächsten Ecke bogen wir rechts ab, dann wieder rechts. Wir kamen am _____ vorbei und an der _____-Abteilung. Nun gingen wir links, dann wieder rechts und noch ein Stück geradeaus. Dann sahen wir das _____."

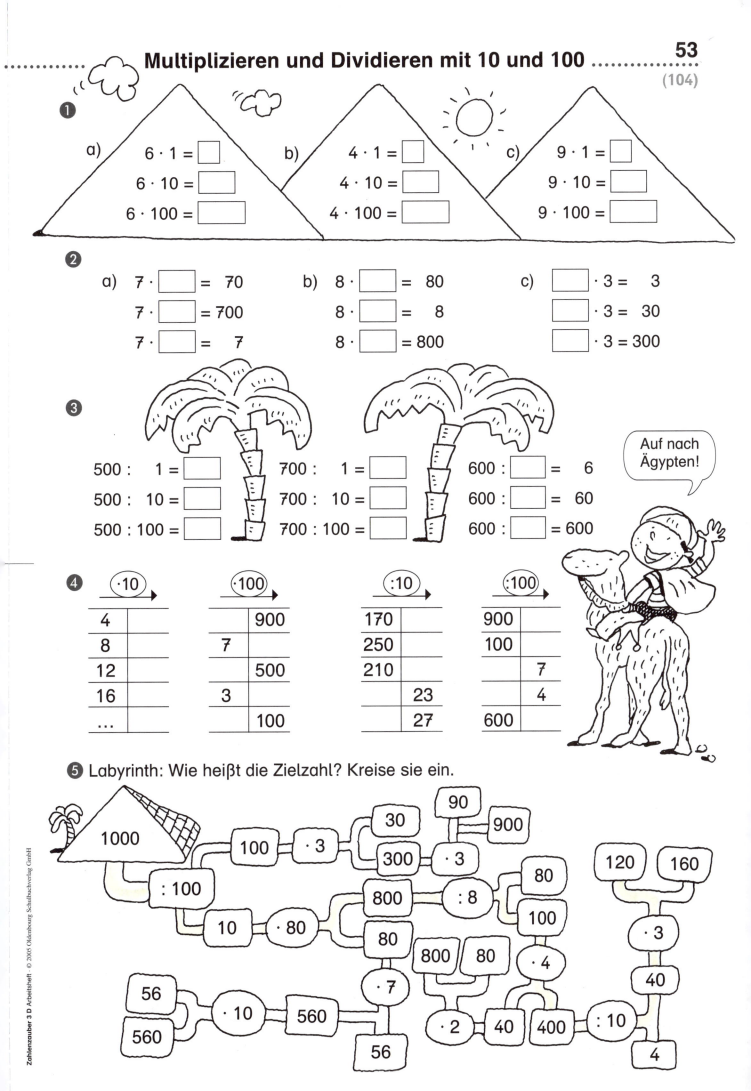

# 54 Multiplizieren und Dividieren mit Zehnerzahlen
(104)

❶ Male die Segel mit verwandten Aufgaben in der gleichen Farbe aus. Rechne.

Segel: 4 · 8, 5 · 60, 4 · 80, 5 · 6, 40 · 8, 50 · 6

❷

| 500 = ☐ · 50 | 360 = ☐ · 9 | 180 = ☐ · 6 |
| 250 = ☐ · 5 | 540 = ☐ · 90 | 240 = ☐ · 60 |
| 300 = ☐ · 50 | 450 = ☐ · 9 | 300 = ☐ · 6 |
| 350 = ☐ · 5 | 720 = ☐ · 90 | 420 = ☐ · 60 |

6, 10, 50, 70     6, 8, 40, 50     4, 7, 30, 50

❸ Schreibe 3 verwandte Aufgaben auf.

72 : 8 = ☐     63 : 7 = ☐     54 : 6 = ☐
720 : 8 = ☐     630 : 7 = ☐     540 : ☐ = ☐
720 : 80 = ☐     ☐ : ☐ = ☐     ☐ : ☐ = ☐

❹

| 160 : 8 = ☐ | 180 : 60 = ☐ | 80 : ☐ = 20 |
| 400 : 8 = ☐ | 300 : 6 = ☐ | 160 : ☐ = 40 |
| 240 : 8 = ☐ | 360 : 60 = ☐ | 240 : ☐ = 6 |
| 560 : 80 = ☐ | 300 : 60 = ☐ | 400 : ☐ = 50 |
| 480 : 80 = ☐ | 540 : 6 = ☐ | 560 : ☐ = 70 |
| 800 : 80 = ☐ | 420 : 60 = ☐ | 500 : ☐ = 10 |
| 720 : 8 = ☐ | 600 : 6 = ☐ | 450 : ☐ = 90 |

6, 90, 30, 10, 20, 7, 50     3, 100, 5, 50, 7, 6, 90     40, 8, 4, 4, 8, 5, 50

# Von Gewichten und vom Wiegen

**1** Kennst du noch unsere Vergleichsgewichte?

____ kg   ____ g   ____ g   ____ g   ____ g   ____ g   ____ g

____ g   ____ Pfund

**2** 500 g oder ½ Kilo

| 1 | Becher Margarine | | Tafeln Schokolade | | Päckchen Butter |
| | Brötchen | | Nussriegel | | Gummibärchen |

**3** 100 g

| | Brötchen | | Gummibärchen | | Nussriegel |

**4** Berechne die fehlenden Zahlen.

|  | Birne | Orange | Pfirsich | Nektarine | Kiwi | Pflaume | Apfel |
|---|---|---|---|---|---|---|---|
| Fruchtfleisch | 142 g | 206 g |  | 68 g | 59 g | 46 g |  |
| Kernhaus, Schale, … |  | 65 g | 13 g | 5 g |  | 3 g | 19 g |
| Gesamtgewicht | 175 g |  | 148 g |  | 74 g |  | 192 g |

**5** Ungefähr 1 Kilo bitte!

ca. 190 g   ca. 180 g   ca. 260 g   ca. 80 g   ca. 140 g   ca. 50 g

| 5 | oder | 6 | Äpfel | | oder | | Kiwis |
| | oder | | Birnen | | oder | | Pfirsiche |
| | oder | | Orangen | | | | Aprikosen |

# 56 Schultaschen-TÜV
(110)

**❶ Wie viel darf die Schultasche wiegen?**

| Körpergewicht kg | :10 → kg | g | Körpergewicht kg | :10 → kg | g |
|---|---|---|---|---|---|
| 23 | 2 | 300 | 32 | | |
| 24 | | | 33 | | |
| 25 | | | 34 | | |
| 26 | | | 35 | | |
| 27 | | | 36 | | |
| 28 | | | 37 | | |

**❷ Schultaschenrätsel**

Schultasche 900 g, Mäppchen 230 g, Wörterbuch 350 g, Heft 100 g, Block 190 g, Sachunterricht 3 220 g, Englisch 3 350 g, Etui 320 g, Zahlenzauber 3 430 g, Zahlenzauber 3 Arbeitsheft 240 g, Sprachbuch 3 320 g

a) Marlene: Meine Schultasche wiegt 1 kg 460 g. Was habe ich eingepackt?

|  | kg | g |
|---|---|---|
| Schultasche | | 900 |
| | | |
| | | |
| | 1 | 460 |

b) Franz: Ich habe nur Bücher eingepackt. Meine Tasche wiegt 1 kg 870 g.

|  | kg | g |
|---|---|---|
| Schultasche | | 900 |
| | | |
| | | |
| | 1 | 870 |

c) Paolo: Ich werde alles einstecken.

| kg | g |
|---|---|
| | 900 |

d) Paolo wiegt 31 kg. Was rätst du ihm?

# Im Dino-Land

**57**
(112)

**1** Hilf Simsala und Bim, die Lücken in ihrem Forscherbuch zu füllen.

| Name | Steini-Dino | Aqua-Dino | Duplo-Dino | Gumbo-Dino | Ohro-Dino |
|---|---|---|---|---|---|
| Gewicht | 4 t 728 kg | | 6 t 334 kg | 3 t 506 kg | |
| Alter | 226 Jahre | 834 Jahre | 567 Jahre | | 405 Jahre |
| Größe | | 30 m | | 21 m | 16 m |

Ich bin so groß wie Aqua-Dino, Gumbo-Dino und Ohro-Dino zusammen.

Ich bin zweimal 38 kg leichter als Steini-Dino.

Wenn du von meinem Gewicht 6 t und 34 kg abziehst und die Zahl dann durch 6 teilst, weißt du meine Größe.

Ich bin doppelt so alt wie Steini-Dino.

Meine 2 Ohren wiegen je 58 kg, der Rest 225 kg. Wie schwer bin ich?

**2**

Wer bin ich?
Wenn du 2 · 200 rechnest und dann noch 5 addierst, weißt du mein Alter.
Name: _____

Wer bin ich?
Wenn du von 5 t das Doppelte von 136 kg subtrahierst, erhältst du mein Gewicht.
Name: _____

Wer bin ich?
Verdopple die Zahl 150. Dividiere sie nun durch 10. Jetzt weißt du meine Größe.
Name: _____

# 58 Zahlenrätsel und Rechenspiele

(114)

**1** Welcher Zauberstab gehört zu welchem Hut?
Verbinde oder male in der gleichen Farbe.

◯ Addiere zu meiner Zahl das Dreifache von 80 und du erhältst 1000.

◯ Subtrahiere von der Summe der Zahlen 390 und 650 die Zahl 290.

◯ Subtrahiere von 1000 das Neunfache von 40.

750     640     760

**2** Schreibe zu jedem Zahlenrätsel eine Rechenkette.

a) Ich dividiere meine Zahl durch 8, multipliziere das Ergebnis mit 9, addiere 28 und erhalte 100.

b) Wenn ich zu meiner Zahl 75 addiere, vom Ergebnis 180 subtrahiere und dann durch 4 dividiere, erhalte ich 5.

c) Ich denke mir eine Zahl, multipliziere sie mit 10, dividiere durch 2, addiere zum Ergebnis 198 und erhalte 248.

**3** Geheimschrift

# Wir wiederholen: Bist du jetzt fit?

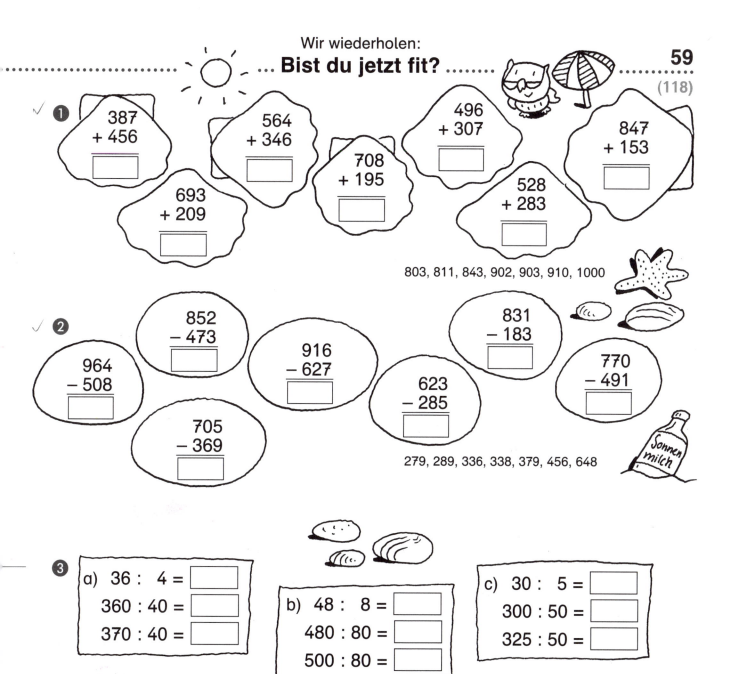

**1)**
387 + 456
564 + 346
708 + 195
496 + 307
847 + 153
693 + 209
528 + 283

803, 811, 843, 902, 903, 910, 1000

**2)**
964 − 508
852 − 473
916 − 627
623 − 285
831 − 183
770 − 491
705 − 369

279, 289, 336, 338, 379, 456, 648

**3)**

a) 36 : 4 =
360 : 40 =
370 : 40 =

b) 48 : 8 =
480 : 80 =
500 : 80 =

c) 30 : 5 =
300 : 50 =
325 : 50 =

d) 18 : 3 =
180 : 30 =
195 : 30 =

e) 72 : 9 =
720 : 90 =
750 : 90 =

f) 54 : 6 =
540 : 60 =
550 : 60 =

**4)**

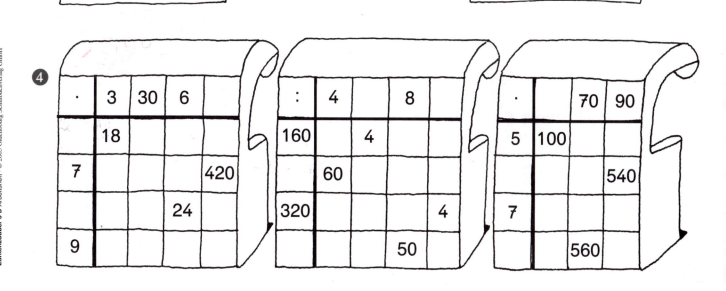

| · | 3 | 30 | 6 |
|---|---|----|---|
|   | 18 |   |   |
| 7 |   |   | 420 |
|   |   | 24 |   |
| 9 |   |   |   |

| : | 4 |   | 8 |
|---|---|---|---|
| 160 |   | 4 |   |
| 60 |   |   |   |
| 320 |   |   | 4 |
|   |   | 50 |   |

| · |   | 70 | 90 |
|---|---|----|----|
| 5 | 100 |   |   |
|   |   |   | 540 |
| 7 |   |   |   |
|   | 560 |   |   |

# Sachaufgabenwerkstatt

**1** a)

Katharina will Einladungskarten für ihren Geburtstag basteln. Im Schreibwarenladen kauft sie 7 Bögen Tonpapier, 7 kleine Marienkäfer aus Holz, einen Klebestift und einen Bogen Moosgummi. Ein Bogen Tonpapier kostet 60 Cent, ein Holzkäfer kostet 20 Cent, der Klebestift kostet 1 Euro 50 Cent und der Bogen Moosgummi kostet 2 Euro. Sie überlegt, ob sie sich noch einen Leuchtstift für 3 Euro mitnehmen soll.

b)

Michael möchte zusammen mit seiner Mama Tischkärtchen für die Tauffeier seiner Schwester Alina basteln. Sie holen 10 Bögen weißes Tonpapier, einen Goldstift und einen Stempel mit einer Taube. Ein Bogen Tonpapier kostet 60 Cent, der Goldstift 3 Euro 50 Cent und der Stempel 4 Euro. Beim Hinausgehen sehen sie, dass es eine Packung mit fertigen Tischkärtchen für 11 Euro 75 Cent gibt.

Zu welcher Geschichte passen folgende Fragen und Antworten?

a b

- Wie teuer ist das Bastelmaterial insgesamt? .................... ☐☐
- Was muss sie bezahlen, wenn sie den Leuchtstift auch noch nimmt? . ☐☐
- Wie viel kosten Tonpapier, Marienkäfer, Klebestift und Moosgummi zusammen? ................................................... ☐☐
- Was kosten die selbst gebastelten Tischkärtchen? ................ ☐☐
- Die Einladungskarten kosten 9 Euro 10 Cent. .................... ☐☐
- Wie viel kostet es, wenn sie den Stempel nicht kaufen? .......... ☐☐
- Die Tischkärtchen kosten 13 Euro 50 Cent. ...................... ☐☐
- Wie hoch ist der Gesamtbetrag? ................................. ☐☐
- Der Unterschied zwischen den selbst gebastelten Tischkärtchen und den fertigen beträgt 1,75 Euro. ................................. ☐☐
- Welche Tischkärtchen sind günstiger? ............................ ☐☐
- Alles zusammen kostet 12 Euro 10 Cent. ......................... ☐☐

**2** Wie musst du die Geschichten ergänzen, damit folgende Antworten passen?

a) Katharina bekommt 90 Cent zurück.

b) Sie bekommen 6 Euro 50 Cent zurück.

# Sachaufgaben-werkstatt

**61**
(120)

**❶ a)** Streiche alle Informationen weg, die du nicht zum Rechnen brauchst. Schau dir die Rechenfrage genau an.

> *Moritz ist 9 Jahre alt. Er ist ein begeisterter Radfahrer. Vor drei Tagen hat er mit seinem Vater eine neue Fahrradausrüstung gekauft. Das Rad kostete 390 Euro. Es ist blau mit roten Streifen. Er kaufte noch einen roten Helm für 35 Euro, einen Tacho für 17 Euro und ein Schloss für 8 Euro. Moritz freut sich sehr über das neue Rad und die schönen anderen Sachen. Zusammen mit seinen Freunden will er am Wochenende eine Radtour machen. Was kostete die Ausrüstung?*

**b)** Schreibe in Stichpunkten auf, was du zum Rechnen brauchst.

**c)** Löse die Aufgabe.

**d)** Lies noch einmal die Frage und notiere dann die Antwort.

**❷** Schreibe eine lange Geschichte mit diesen Angaben.

3 Pinsel: je 2 Euro     1 Farbkasten: 12 Euro
1 Malblock: 1 Euro 50 Cent     1 Wasserbecher: 3 Euro

# Sachaufgaben- werkstatt

**❶ Färbe immer drei zusammengehörende Begriffe gleich.
Wähle 2 Trios aus und erfinde dazu jeweils eine Rechengeschichte für die Sachaufgabenkartei.**

| | | |
|---|---|---|
| Stückzahl: 7 | Anzahl der Säcke: 9 | Gesamtpreis: |
| Abfahrtszeit: 10.45 Uhr | Fahrtzeit: 2 Stunden 30 Minuten | Reststrecke: |
| Anzahl der Personen: 12 | Preis der Ware: 49 € 75 Ct | Ankunftszeit: |
| Einzelgewicht: 25 kg | Gefahrene km: 57 | Gesamtgewicht: |
| Gegebenes Geld: 100 € | Eintrittspreis: 3 € 75 Ct | Gesamtpreis: |
| Gesamtstrecke: 83 km | Preis pro Stück: 5 € | Rückgeld: |

**❷ Trage die fehlenden Begriffe ein. Welche Rechenzeichen passen?**

| | | | | |
|---|---|---|---|---|
| Anzahl | ○ | Einzelpreis | = | Gesamtpreis |
| 1. Ausgabe | ○ | | = | Gesamtausgabe |
| Anzahl der Stunden | ○ | Stundenlohn | = | |
| alter Preis | ○ | Preisnachlass | = | |
| Anzahl der Kinder | ○ | Anzahl der Erwachsenen | = | |

# Sachaufgabenwerkstatt

**❶ Unterstreiche alle für dich wichtigen Angaben.**

> Katharina und ihre Freundin liegen unter dem Sonnenschirm am Strand von Santo Stefano auf Sardinien. Sie freuen sich, endlich am Ziel ihrer Reise zu sein. „Wie lange waren wir unterwegs?", fragt Simone. Gemeinsam rechnen sie nach: „Um 7 Uhr sind wir von zu Hause losgefahren. Nach 2 Stunden haben wir die erste Rast eingelegt. Sie hat 30 Minuten gedauert. Danach sind wir wieder 2 Stunden gefahren. Dann war eine Stunde Mittagspause. Die Fahrt ging weiter. Nach 2 Stunden waren wir in Mailand. Dann kam der schreckliche Stau. 1 Stunde lang standen wir wegen eines Unfalls auf der Autobahn. Bis nach Genua dauerte es dann noch einmal 3 Stunden. Wir mussten 3 Stunden und 30 Minuten warten, bis wir auf der Fähre waren. Die Fahrtzeit mit der Fähre dauerte 9 Stunden. Die letzten 2 Stunden Fahrt bis zu unserer Ferienwohnung vergingen dann ganz schnell. Wie lange waren wir jetzt eigentlich unterwegs?"

Rechne die Aufgabe und schreibe eine Antwort.

**❷ Lies dir die Aufgaben genau durch. Einige sind lösbar, andere nicht.**
**a) Kreuze an, was zutrifft.**

> Zoowärter Müller versorgt im Tierpark die Elefanten. Ein großer Elefant frisst jeden Tag 100 bis 150 Kilo Heu, Gras und Gemüse. Dazu braucht er pro Tag etwa 80 Liter Wasser. Afrikanische Elefanten können bis zu 65 Jahre alt werden. Wie viel Futter muss Herr Müller in einer Woche für alle Elefanten besorgen?
> Die Aufgabe ist:  lösbar ◯   nicht lösbar ◯

> Für den Urlaub kauft Anna einen Sonnenhut für 12 Euro, einen Badeanzug für 21 Euro und ein Strandlaken für 27 Euro. Ein paar Tage später liest sie in der Zeitung, dass alle Sommerartikel um die Hälfte reduziert wurden. Wie viel Geld hätte Anna sparen können?
> Die Aufgabe ist:  lösbar ◯   nicht lösbar ◯

> In einem Aufzug steht folgender Hinweis: Zulässiges Gesamtgewicht 720 kg oder 8 Personen. Darf der Hund Bello auch noch mit?
> Die Aufgabe ist:  lösbar ◯   nicht lösbar ◯

**b) Überlege: Welche Angaben fehlen, damit die Aufgaben lösbar sind?**

# Sachaufgaben-werkstatt

**64**

(124)

Diese Aufgaben haben sich Kinder einer 3. Klasse ausgedacht.
Löse die Aufgaben.
Fertige zu jeder Aufgabe eine Zeichnung an.

*In einem Kuhstall leben Spinnen und Fliegen. Zusammen sind es 21 Tiere und miteinander haben sie 150 Beine.*
*Wie viele Spinnen und wie viele Fliegen sind es?*

„Nacktschnecken sind eine Plage für die Gartenbesitzer", jammert Herr Meier. Damit seine Pflanzen vor ihnen sicher sind, hat er sich etwas einfallen lassen. Er hat einen Stapel von 12 Brettern aufgeschichtet und die Töpfe mit den Pflänzchen darauf gestellt. Da hat er eine interessante Beobachtung gemacht: Eine Schnecke schaffte in einer Stunde 5 Bretter. Danach war sie so erschöpft, dass sie sich eine Stunde lang ausruhen musste. Dabei ist sie wieder 4 Bretter hinuntergerutscht. Jetzt wollte Herr Meier natürlich wissen, wie lange die Schnecke braucht, um das oberste Brett des Stapels zu erreichen.